Die **20 schönsten Wanderungen** am **Comer See**

vom **Norden** bis zur **Seemitte**

Zwischenräume Verlag
2018

Die **20 schönsten Wanderungen** am **Comer See**

Der Comer See ist mit seiner abwechslungsreichen Landschaft einer der schönsten Seen des Alpenraums, darüber gibt es keinen Zweifel. Er bietet seinen Besuchern so viel Spielraum in Sachen Freizeitgestaltung, dass die Bergwelt zwar gelobt aber noch wenig genutzt wird. Für die meisten sind die Comenser Berge nur Statisten für ein - zugegeben - atemberaubendes Landschaftsbild. Dort hinauf, die Berge und ihre Faszination kennenlernen, sich anstrengen, unglaubliche Ausblicke genießen - für immer mehr Besucher eine willkommene und lohnende Urlaubsvariante fernab von den großen Touristenströmen.

Dieser Wanderführer richtet sich auch nicht in erster Linie an die naturverbundenen Bergprofis, die nicht früh genug morgens zum Berg aufbrechen können, und schon gar keinen Wanderführer brauchen. Nein! Er ist vielmehr an die Urlauber gerichtet, die bisher die bergige Natur gemieden haben wie die Katze das Wasser. Er soll Mut machen, die Bergwelt hier am Comer See zu erkunden, die traumhaften Ausblicke zu entdecken und dabei die Natur, so wie sie hier ist, nämlich in allen Belangen beeindruckend und unvergleichlich, kennenzulernen. Die Auswahl der einzelnen Berg- und Wandertouren ist sehr ausgewogen und orientiert sich weitgehend an den Fähigkeiten, die Gelegenheitswanderer in der Regel mitbringen. Die Schwierigkeitsgrade reichen von einfach bis geübt, ganz wie Sie ihr Können und ihre Ausdauer einschätzen. Wesentlich schien uns die Eigenschaft der Touren, auch für Familien mit Kindern geeignet zu sein. Dieses Kriterium konnte wohl bis auf ein bis zwei Ausnahmen realisiert werden. Der höchste Berg am See - der Monte Legnone - könnte technisch gesehen für kleinere Kinder und untrainierte bzw. ängstliche Naturen zur Sackgasse werden. Vorsicht walten zu lassen oder eine Tour frühzeitig abzubrechen ist keine Schande, Bergsport soll schließlich Spaß machen und Erfolgserlebnisse vermitteln. Angst, Erschöpfung und Gefahr müssen nicht sein, ein langsames Herantasten auch an schwierigere Touren bildet behutsam die eigenen Stärken aus und sorgt zukünftig für viel Freude in den Bergen.

Natürlich sind auch alle anderen eingeladen, diesen Wanderführer zu lesen, sich darin Anregungen für eine abwechslungsreiche Freizeitgestaltung hier am Comer See zu holen und ihr Urlaubsprogramm mit der einen oder anderen Wanderung zu ergänzen. Der Comer See wird, nachdem Sie ihn zum ersten Mal von oben gesehen haben, nicht mehr der gleiche sein. Er wird an Ansehen gewinnen, vollkommener erscheinen und in Ihren Erinnerungen unvergesslich bleiben. An den heißen Sommertagen sind die Berge rund um den Comer See ein begehrtes Ausflugsziel der Italiener. Die meisten Parkplätze hinauf zu den Gipfeln bzw. zu den Piani (Hochtäler, - ebenen) sind belegt, z.T. überbelegt. Das Phänomen ist schnell erklärt: viele Italiener, auch aus den nahen Metropolen wie Como, Lecco und v.a. Mailand fahren am Wochenende mit den Autos in (eigentlich auf) die Berge, den Grill im Gepäck, den Vino Rosso sicher verstaut. Wahre Großfamilien feiern abseits der Straße unter freiem Himmel das Wochenende, einen Feiertag oder einen Geburtstag. Überall stehen Picknicktische zur Verfügung, die Rifugi bieten typische traditionelle Gerichte an. Nicht jedoch der Berg steht für die meisten im Mittelpunkt, sondern das süße Leben, das hier typisch italienisch zelebriert wird. Jetzt wird auch klar, warum auf so viele Berge eine geteerte Straße führt, meist auch zum Gipfel. Zur Erklärung: es gibt einige hervorragende italienische Bergsteiger, überhaupt Sportler, keine Frage. Aber in der Breite ist der Italiener kein Freizeitsportler, er steigt nicht einfach mal so auf einen Berg oder fährt mit dem Fahrrad z.B. in der Pian di Spagna herum. Nein, es gibt (fast) nur die sportliche Höchstleistung oder eben gar nichts. So trifft man in den Bergen hauptsächlich ausländische Wanderer, auch mal eine Schulklasse oder einen Schäfer, italienische Bergfreunde sucht man eher vergebens. Wenn, dann sind diese in den örtlichen Alpenvereinen organisiert, die wiederum ein reges Vereinsleben pflegen und viele Ausflüge in die umliegende Bergwelt unternehmen. Einmal im Jahr kümmern sie sich um die Pflege der Wanderwege, beseitigen die Winterschäden oder entwickeln neue Wandertouren.

Achtung Berge!

Trotzdem die Berge in dieser Region nicht zur höchsten Kategorie gehören, sollte man sich doch stets bewusst sein, dass man sich in fremdem Gelände bewegt und auf alle Eventualitäten gefasst sein muss. Die eigene körperliche Verfassung, die Versorgungslage, die Wettersituation, die Wegbeschaffenheit und andere Faktoren beeinflussen die Gesamtsituation und sind damit für den Erfolg oder Misserfolg der Aktivität verantwortlich. Keine unangenehme Überraschung soll das erwartete Naturerlebnis trüben, die Schönheit der Region unvergesslich in den Erinnerungen ihrer Besucher bleiben. Aus diesem Grund ist es unerlässlich, auf bestimmte Punkte zu achten, einen Teil davon finden Sie auf den nächsten Seiten.

Auf die **Karte** kommt es an

Der Aufenthalt in den Bergen ohne geeignetes Kartenmaterial ist fahrlässig. Sicher, die Touren, die in diesem Wanderführer vorgestellt werden, sind bis auf wenige Ausnahmen kein Neuland. Meist sind sie so weit ausgetreten, dass die Orientierung nicht schwer fallen sollte. Trotzdem gibt es immer wieder Passagen, wo eine Orientierung auf den ersten Blick nicht immer klar erscheint. Genau an dieser Stelle ist eine Geländekarte hilfreich.

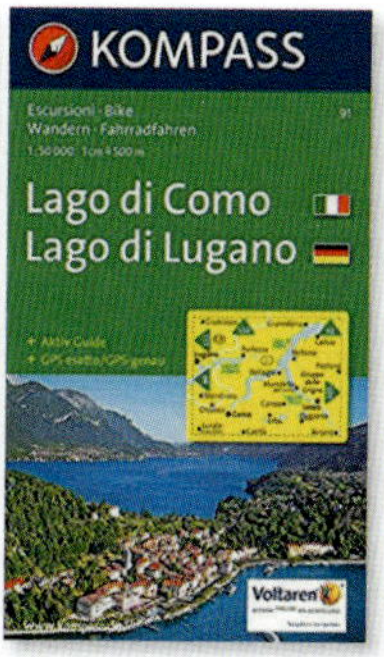

Die beste für das hier vorgestellte Gebiet des Alto Lario ist die in Italien herausgegebene Karte namens ‚**Alto lario occidentale**' aus dem Hause Ingenia Editori. Die Karte (Maßstab 1:25.000) ist an vielen Stellen der Region in den Tourismusbüros erhältlich, ganz sicher in Dongo, sicherlich auch in den anderen großen Orten wie Domaso, Colico und Menaggio. Im Internet kann man sie unter z.B. www.amazon.de bestellen. Umfassender, aber mit kleinerem Maßstab sind die bekannten Kompass-Karten, die im Buchhandel erhältlich sind. Kartenabschnitt Nr. 91 zeigt den ganzen Comer See auf einem Blatt, was einen guten Überblick erlaubt. Allerdings deckt sie nicht das gesamte Wandergebiet ab, die Karte Nr. 92 ist hinzuzuziehen. Die Dritte im Bunde ist die im 1:35.00 angelegte GlobalMap-Karte; sie ist ebenfalls im Buchhandel erhältlich.

Das **Wandergebiet**

Dieser Wanderführer deckt in weiten Teilen das nördliche Gebiet des Comer Sees ab, das schönste Wandergebiet am See. Dieser landschaftlich reizvolle Seeabschnitt ist in der Nähe der Ortschaften von leicht ansteigenden Uferzonen geprägt, in denen eine teils dichte Besiedlung vorherrscht. Meist waren es Gebirgsbäche, die nach dem Winter mit ihren Sand- und Geröllmassen dem See Raum genommen haben und so die Lebensräume für die Einwohner erweiterten. Heute sind glücklicherweise noch viele dieser ehemals landwirtschaftlichen Flächen z.B. in Dongo, Gravedona, Gera Lario, Sorico oder Colico vorhanden, die von einer übermäßigen Bebauung mit Ferienanlagen oder Hotels verschont geblieben sind. Auf vielen Grundstücken weiden Schafe, haben sich Campingplätze ausgebreitet oder die Flächen liegen einfach nur brach. Die Handelswege wurden durch den Bau von weiteren Straßen und Wegen immer mehr in Richtung See verlagert, viele der alten Handels- und Versorgungswege in den Bergen werden heute auch als Höhenwanderwege zwischen den alten Ortskernen genutzt. Die Strada Regina Antica und der Sentiero del Viandante gehören aktuell zu den schönsten, seenahen und durchgehenden Wanderwegen der oberitalienischen Seen. Überhaupt zieht das Alto Lario in den letzten Jahren immer mehr Urlauber an, hat man von hier aus schließlich die besten Verkehrsverbindungen in alle erdenklichen Richtungen der Comer See-Region. Zudem ist es eher ruhig und man ist den Haupttouristenpfaden nicht unmittelbar ausgesetzt. Die Wandertouren auf dem Gebiet des Alto Lario sind meist Gipfelwanderungen der umliegenden Bergmassive. Man fährt ein Stück mit dem Auto auf und steigt auf ca. 800 - 1 000 m in die Wandertour ein. Weiterhin gibt es einige mehrtägige Höhen- und Gipfelwanderungen, die allerdings einer intensiveren Planung bedürfen und hier nur kurz vorgestellt werden. Einige interessante Hochtalwanderungen schließen den guten Gesamteindruck ab, für jeden ist etwas dabei. **Desweiteren** werden die Abschnitte **südlich von Menaggio bis Argegno**, die **Bellagio-Halbinsel** und die **Gegend nördlich von Varenna** auf der östlichen Seite des Lago di Como mit zahlreichen Tourenvorschlägen behandelt.

Viel Spaß beim Wandern!

Die 20 schönsten Wanderungen im Überblick

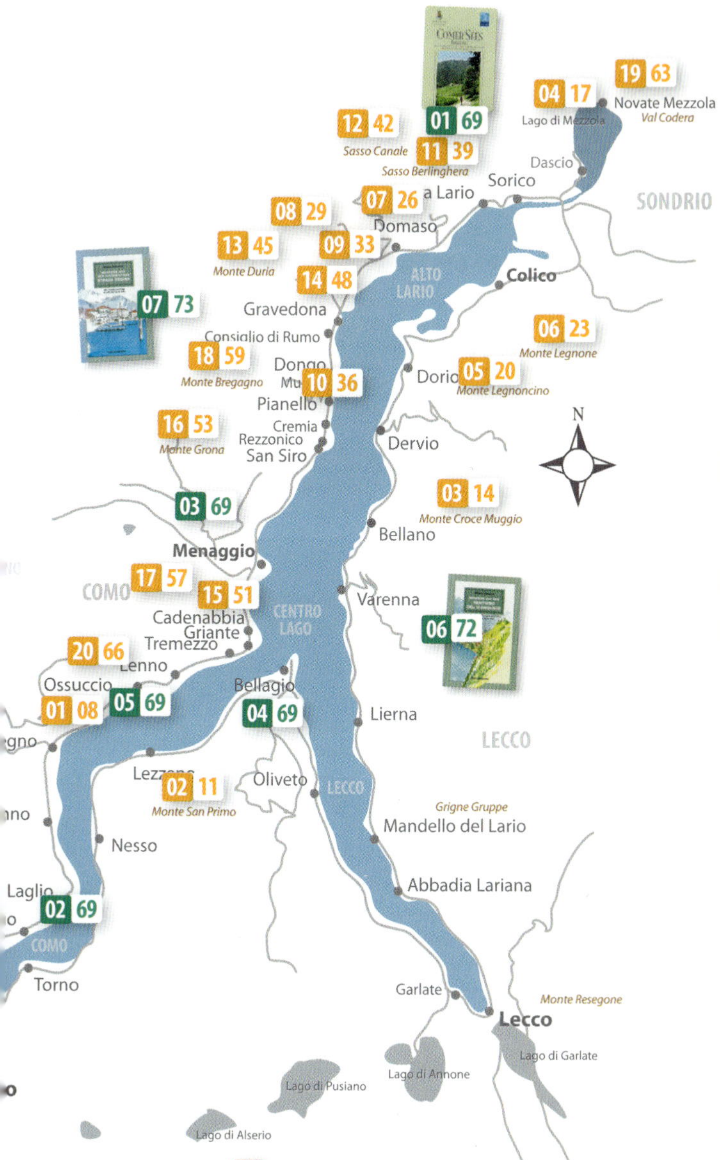

03 *Nummer der Einzeltour*

01 *Nummer der Etappentour*

69 51 *Seitenzahl(en)*

TOUR 01 Über Pigra nach Colonno **

Eine abwechslungsreiche Tour mit schönen Ausblicken auf das südliche Seebecken erwartet Sie nach einer aufregenden Seilbahnfahrt. Nach anfangs leichten Aufstiegen geht es ab dem Bergdorf Corniga steil hinunter nach Colonno an den Comer See hinab.

- **Ausgangsort:** Talstation der Seilbahn in **Argegno** (210 m)
- **Zielort:** Colonno (215 m)
- **Einkehrmöglichkeiten: Kiosk am Hafen**, Bergstation der Seilbahn in Pigra (Kiosk), Colonno (Geschäfte und Cafés)
- **Reine Gehzeit:** 2 h (Corniga 1 h, Colonno 1 h)
- **Streckenlänge:** 7 km

Anfahrt | Über die SS36 fahren Sie in die Ortsmitte von Argegno. Parken Sie am großen **Parkplatz unten am Hafen**, unterhalb der Pfarrkirche. Mit ein paar Schritten an der Kirche - der Uferstraße folgend - vorbei, steht man nach wenigen Minuten vor der **Talstation der Seilbahn** (Funivia).

Charakteristik | Anfangs schwach ansteigend, **später stark bergab**! Für den Abstieg empfehlen sich Wanderstöcke. **Attraktiver Höhenweg bis Corniga** (1 h), ein sehenswertes altes Bergdorf, das nur im Sommer teils bewohnt und bewirtschaftet ist. Die Tour verläuft ohne weitere Schwierigkeiten in meist offenem Gelände. Unmittelbar hinter dem Ausgang der Bergstation kann man sich am kleinen Kiosk sehr günstig mit Getränken und kleinen Snacks verorgen.

Tourbeschreibung | Die **aussichtsreiche Bergwanderung** beginnt in dem verschlafenen Bergdorf Pigra, das sich ca. 600 m oberhalb von Argegno befindet. Zunächst geht es per Seilbahn in gut 4 Minuten zur Bergstation der ganz neu sanierten ‚Funivia', die einst die Bergbewohner mit dem Seeufer verband. Die Talstation liegt am nördlichen Ortsende, die Bushaltestelle ist direkt davor. Auch der Parkplatz befindet sich nur ca. 150 m entfernt, kann also leicht zu Fuß erreicht werden; eine Anfahrt per Schiff ist, da es sich um eine One-Way-Tour handelt, ebenfalls möglich. Die Bahn fährt im Halb-Stunden-Takt von 8 bis 16 Uhr (12 bis 14 - Mittagspause); einfaches Ticket EUR 3,40 (Stand 2018). Der oben ansässige Kiosk bietet Getränke und kleine Snacks zu absoluten Dumpingpreisen.

Von der Bergstation aus geht es direkt in den Ort, ein Dutzend Schilder weisen den Weg zu den verschiedenen Wanderzielen. Wir orientieren uns am Schild mit der Aufschrift ‚**Corniga**' und über einen breiten Wanderpfad verlassen wir Pigra wieder. Zuvor kann man einen kleinen Abstecher zur Punta ‚Belvedere' machen, wo es einen schönen Panoramablick gibt. Der Weg führt bald an einer kleinen Kapelle (Madonna dell Soccorso) vorbei; wenig später betritt man den Wald, überquert mehrere kleine Bächlein und wandert weiter über teils offene, teils von alten Begrenzungsmauern gesäumte Passagen. Es geht leicht bergab, Lichtungen tauchen auf und eine Brücke ist zu überqueren; mit den ersten kleineren Steigungen erreicht man einen kleinen Weiler. Wenig später sind die Häuser vom Bergdorf Corniga zu sehen, das erste Zwischenziel ist erreicht. Das Dorf ist werktags weitgehend verlassen, für eine kleine Rast aber bestens geeignet. Beim kleinen Kirchlein im Zentrum des Dorfs geht es rechts bergab dem Kopfsteinpflaster folgend; an der Kirche befindet sich ein Schild mit der Aufschrift ‚**Colonno**'.

Ab jetzt wird es steil und die Wadenmuskulatur wird sehr beansprucht. In engen Serpentinen windet sich der befestigte Weg steil hinunter nach Colonno, unterwegs hat man immer wieder fantastische Blicke auf den südlichen See. Nach ca. 30 Minuten ‚**harter Arbeit**' erreicht man die Neubauten von Colonno. Mehrere neue und teilweise mit Pool ausgestattete Wohnhäuser bilden zurzeit die Ortsgrenze.
In einigen Jahren kann sich diese Grenze durchaus noch nach oben verschieben, der Comer See ist begehrter Lebensraum. Im Ort steigt man weiter ab und folgt jetzt der Beschilderung ‚**Greenway del Lago**'. Bei einem kleinen Platz und noch vor dem Bergbach, der durch die Häuser zum See hin drängt, kann man zum Seeufer absteigen und der Pfarrkirche am südlichen Ortsende einen Besuch abstatten (s. a. Tourvariante 3).

Belohnung | Für eine kleine Stärkung bietet sich ein Besuch in der **Trattoria Cheghel** an; die Plätze auf der Terrasse zum See sind spitzenmäßig, das Essen soweit in Ordnung. Via Statale 6, 22010 Colonno, +39 031 821393.

Tourvarianten | **1** Zahlreiche Bergfreunde zweigen in **Corniga** bergauf über die **Alpe Colonno zum Rifugio Boffalora** ab, eine der beliebtesten Ausflugshütten der Region. Rechnen Sie mit 2 h Laufzeit (einfach). **2** Zunächst der Variante 1 folgend, zweigt man bei der Alpe Colonno in Richtung **Sala Comacina** ab. Gute 2-3 h Gehzeit. **3** **In Colonno**: Nach kurzer Zeit entlang des alten **Greenway del Lago** erkennt man die **Isola Comacina**, die souverän und ruhig im Comer See liegt. Am Friedhof vorbei, und die nächste Möglichkeit des Abstiegs über alte Treppen führt uns in die Ortsmitte mit Restaurant und dem kleinen Hafen.

TOUR 02 Der Monte San Primo ***

Der Anstieg vom Rifugio Martina ist steil, bei feuchter Witterung rutschig; Ziel ist der beeindruckende Gipfel des Monte San Primo mit einem überragenden Blick in alle Richtungen. Der Rückweg über den Grat ist landschafltich sehr reizvoll. Eine der schönsten und lohnenswerten Wanderungen am Comer See. Unbedingt zu empfehlen ist die Einkehr im Rifugio Martina am Fuß des Berges. An den Sommerwochenenden ist hier die Hölle los, man bekommt aber irgendwie doch immer einen Platz. Schmackhafte Bratengerichte!

- **Ausgangsort**: Parkplatz in **San Primo** (1 125 m, ob. Bellagio)
- **Zielort**: Rundwanderung
- **Einkehrmöglichkeiten**: Rifugio Martina (sehr gemütlich; www.rifugiomartina.it), diverse Hütten im Tal
- **Reine Gehzeit**: 2,5 - 3 h
- **Streckenlänge**: ca. 8 km

Anfahrt | Zunächst von Bellagio über die SP41 nach Guello, wo die Straße nach San Primo abzweigt; anschließend der Straße nach bis kurz vor Piano Rancio, der Beschilderung ‚Monte San Primo' folgen.

Charakter | Schwach ansteigender Forstweg zum Gasthaus; anschließend steiler, rutschiger und kurzer Anstieg zum Gipfel 1 681 m). Später geht es weiter über gut ausgebaute Wanderpfade, eine kurze Variante führt über den Grat; leicht.

Tourbeschreibung | Der Monte San Primo ist der höchste Berg im larianischen Dreieck und prägend für die Landschaft südlich von Bellagio. Er erstreckt sich mit seinen Nebengipfeln fast flächenfüllend zwischen den beiden südlichen Seearmen von Como und Lecco. Die Anfahrt führt von Bellagio in gut einer halben Stunde zum Ausgangspunkt bei den Skiliften (direkt in San Primo), wie die Ansammlung einiger Häuser heißt. Die Strecke ist gut ausgeschildert, folgen Sie einfach immer den Schildern mit der Aufschrift ‚San Primo' oder ‚S. Primo' bzw. ‚Parco San Primo'. Parken ist möglich entlang der Straße oder auf dem Platz am Skilift, der im Sommer sogar in Betrieb ist und über eine Karabiner-Lösung zahlreiche Mountainbiker in die Höhen zieht. Die beschriebene Tour beginnt in der letzten Kurve vor dem Skilift-Parkplatz mit Beschilderung ‚San Primo' in 1,5 h und Rifugio Martina. Zunächst geht es auf einer breiten Schotterstraße durch ein kurzes Waldstück, vorbei an einem verlassenen Gebäude zu einem weiteren Parkplatz im Wald, der an Wochenenden allerdings sehr schnell völlig überfüllt ist (die Runde scheint ja sehr beliebt zu sein!?!).
An der Schranke geht es dann leicht, später steiler bergauf zu dem angekündigten Rifugio Martina. Andere Bergwanderer wagen sich mit Kinderwagen und FlipFlops auf die Strecke, die Verwunderung wächst. Am Rifugio angekommen, wird schnell klar, warum der Parkplatz so voll ist. Hunderte Menschen tummeln sich um das Rifugio und die Wiesen drumherum. Schweinshaxe, Braten und andere Köstlichkeiten sind hier in Massen vorbereitet, ein wahres Volksfest findet hier statt. Und der Geruch? **Fantastisch, für eine Einkehr ist es allerdings zu früh**. Wir nehmen nur schnell zwei Panini mit feiner, luftgetrockneten Salami für unterwegs mit. Hinter dem Gasthaus geht es, vorbei an einem Hühnerstall, weiter. Die folgende, ca. 1 h dauernde, Wegstrecke führt über einen steilen bewaldeten

Bergpfad direkt zum Gipfel des San Primo. Der Weg ist sehr anstrengend und aufgrund des feuchten Sommers etwas rutschig. Insgesamt aber gut machbar. Die Markierung ist dürftig, aber durchgehend in rot gehalten. Nach ca. 40 Minuten sturen Aufsteigens wird der Wald lichter, an vielen Bäumen nagt die Höhe; ein sicheres Zeichen, dass der Gipfel naht, auch die Ausblicke zum See sind jetzt wieder möglich. Die letzten Kräfte mobilisert, und der Gipfel ist erreicht. Wenn die Sicht frei ist, schweift der Blick über den gesamten Comer See vom Norden bis fast zum Süden. Die Nordseite des San Primo leuchtet in sattem grün, **ein wirklich traumhafter Berg**.

Vorbei am Gipfelkreuz verläuft der Weg nun entlang oder direkt auf dem Berggrat. Je nach Wetter, wählt man die passende Variante. Angenehmer zu gehen ist der breite Ziehweg rechts unterhalb der Bergkette, für weitere Gipfel (Monte del Costone (1 611 m, Monte Ronciv (1 452 m)) muss der Grat weiterverfolgt werden. Nach einer weiteren Stunde erreicht man eine Gipfelsenke mit Blick ins Tal, wo sich unser Ausgangspunkt befindet. Wir folgen der Beschilderung ‚Parco San Primo' und sind nach einer weiteren Stunde wieder am Skilift.

TIPP | Für Abenteurer gibt es ganz in der Nähe eine weitere Herausforderung: der **Jungle Raider Park**; Piano Rancio, 22030 Civenna; ab EUR 15 gibt es verschiedene Schwierigkeitsgrade zu bewältigen. **Kulinarisch abrunden** kann man den Tag in der **Osteria da Gaetan** in der Localita Pra Filippo 38, nur wenige Minuten entfernt; +39 339 885 6883.

TOUR 03 Der Monte Croce di Muggio **

Variantenreiche Tour an der Osteite des Comer Sees. Es gibt Aufstiegsmöglichkeiten von Dervio und Bellano, von halber Höhe aus oder von (fast) ganz oben (hier beschrieben)**; für jeden Fitnesszustand ist etwas dabei. Der Skifahrberg bietet eine schöne Höhenweg-Runde; der anschließende kurze Anstieg zum Gipfel ist dann nur noch Formsache. In der Nähe des Parkplatzes gibt es einige schöne Berggasthöfe und Bergkäse direkt vom Erzeuger! Die Rundwanderung kann in beide Richtungen gegangen werden.**

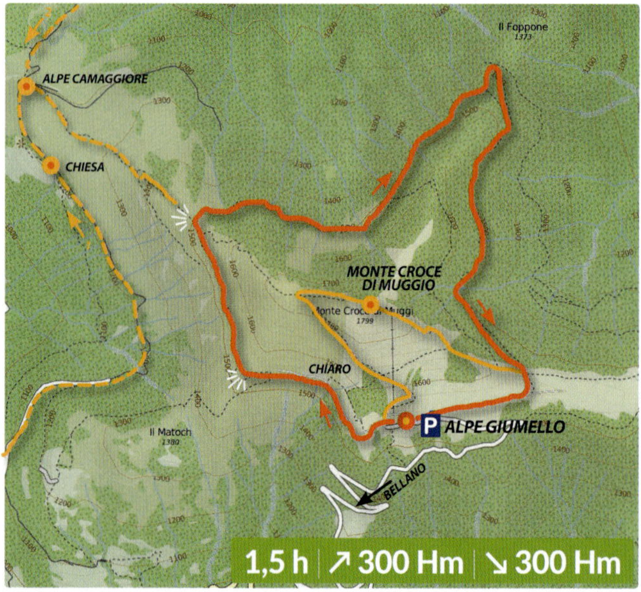

- **Ausgangsort**: Parkplatz der Alpe Giumello (ob. Bellano)
- **Zielort**: Gipfel des Monte Croce di Muggio (1 799 m)
- **Einkehrmöglichkeiten**: verschiedene Ristorante (TIPP | Rifugio Shambala) am Parkplatz und dessen Umgebung
- **Reine Gehzeit**: ca. 1,5 h + 0,5 h für den Gipfel
- **Streckenlänge**: ca. 6,5 km

Anfahrt | Von **Bellano** fährt man zunächst ins Valsassina, folgt dabei der Beschilderung nach Cortenova. Nehmen Sie die Anfahrt über die vierspurige Schnellstraße (SS36 Colico-Lecco), da die Ausfahrt Bellano direkt ins Valsassina und der SS62 mündet. Nach 10 Minuten erreichen Sie Taceno, weiter geht es nach Margno. In Codesino folgen Sie links der Beschilderung nach Narro, wo es dann hart rechts steil auf Serpentinen zum **Parkplatz der Alpe Giumello** hinaufgeht. Erschrecken Sie nicht über die Menge an Parkraum, hier wird im Winter skigefahren.

Charakter | Anfangs **schmaler Höhenweg** quer zum Hang in offenem Gelände, später auch in lichtem Bergwald; zum Gipfel über Bergpfade. Die Strecke beginnt gut 150 m unterhalb des Gipfels und führt einmal um den Gipfel herum. Über die Ostseite geht es anschließend weiter zum Gipfel (1 799 m).

Tourbeschreibung | Das Rifugio Capanna Vittoria links liegenlassend, folgen Sie zunächst den zahlreichen Trampelpfaden zu einem kleinen Dorf dessen Häuser irgendwie zu klein erscheinen. Alle liebevoll renoviert, dienen Sie den Urlaubern v.a. im Winter als Unterkunft. Rechts (kaum zu übersehen) taucht der respektable Tellerlift auf, der die Sportler bei ausreichend Schnee bis fast zum Gipfel bringt. Für uns Wanderer führt der Weg weiter auf einem anfangs breiteren, spätestens nach dem kleinen Weiler Chiaro deutlich schmäler werdenden Pfad, der sich entlang des Monte ca. 1,5 km auf westlicher Bergseite entlangschlängelt. Nach ca. 600 m ist der alternative Wanderpfad von Mornico aus (kommend) gut zu erkennen (siehe Tourvarianten). Für uns geht es weiter auf dem schmalen Bergpfad **mit unglaublichen Panoramablicken** bis zur nächsten Wegweisung oberhalb der Alpe Camaggiore, eine Radaranlage steht verlassen am Berghang. Der Weg über diese Alpe ist eine tolle Aufstiegsvariante, meist führt sie auf einem lichten Bergrücken genau zu diesem Wegpunkt (siehe Tourvarianten). Unbeachtet dieses Weges folgen Sie den Wegweisern zur Kapelle des heiligen Ulderico, der Weg führt durch mehr oder weniger bewaldetes Gebiet entlang des nördlichen Bergrückens ca. 1,5 km ostwärts. Auf der Ostflanke des Monte geht es dann zum Ausgangspunkt zurück, die Runde ist geschlossen. Je nach Jahreszeit sind unterwegs mehr oder weniger klare kleine Trampelpfade zum Gipfel zu erkennen. **Der Gipfel selbst eröffnet Weitblicke** in alle Himmelsrichtungen.

Ausklang | Auf halber Höhe zwischen Narro und der Alpe Giumello liegt das **Rifugio Monte Basso** in ansprechender Umgebung.

Tourvarianten | 1 **Aufstieg über Sarnico**. Ausgangspunkt ist ein Parkplatz bei Sarnico, der von Narro aus in wenigen Minuten erreichbar ist. Der abwechslungsreiche Weg führt über die **Alpe Camaggiore** auf den Rundweg. 2 **Aufstieg von Dervio**. Die attraktive Strecke führt über mehrere Bergrücken und durch Wälder hinauf zum Rundwanderweg um den Monte Croce. Ausgangspunkt ist der Ortsteil Villa in Dervio.

Ausklang | Nach der erfolgreichen Tour bietet sich ein Besuch in der **Pasticcheria Lorla** an; sie bietet kleine, süße Köstlichkeiten und einen guten Cafe Crema: Piazza Santa Marta, 23822 Bellano, +39 0341 821321. Wer es deftiger liebt, besucht das **Ristorante Il Caminetto**; rosa Gebratenes und regionale Gerichte sind Spezialität. Viale del Progresso 4, 23828 Perledo.

TOUR 04 Zur Kapelle San Fedelino **

Bei dieser Tour kann man das Wandern mit Blick auf den Lago di Mezzola und das Naturschutzgebiet Pian di Spagna unweit vom Comer See verbinden. Die zu bewältigenden Höhenmeter sind relativ gut über die Strecke verteilt. Der Sasso Manduino lässt einen dabei nicht aus den Augen. Es gibt die Möglichkeit, sich von einem Boot bei San Fedelino abholen zu lassen (Voranmeldung), **um zum Ausgangspunkt Dascio zu gelangen. Während der Bootsfahrt kommt man auch an einem schönen Wasserfall vorbei, der sich in den Lago di Mezzola stürzt.**

- **Ausgangsort:** Parkplatz am Bootshafen in **Dascio**
- **Zielort:** Kapelle San Fedelino
- **Einkehrmöglichkeiten:** Restaurants in Dascio (TIPP | das Ristorante Berlinghera mit guten Fischgerichten)
- **Reine Gehzeit:** Hinweg 3 h, Rückweg 3 h
- **Streckenlänge:** ca. 6 km

Anfahrt | Dascio liegt an der Stelle des Sees, wo sich der Fluss Mera - nachdem er aus dem Lago di Mezzola fließt - eine kleine Ruhepause gönnt, bevor er schließlich in den Comer See mündet. Gegenüber liegt das Naturschutzgebiet Pian di Spagna.

Charakter | Kopfsteinpflaster, Schotter- und Waldwege. Eine Wanderung mit langsam ansteigendem Weg. Kombinierbar mit einer Bootstour zurück zum Ausgangspunkt Dascio. Es ist möglich, sich auf dieser Tour begleiten zu lassen - unter **www.anjakrieger.de** finden Sie weitere Informationen.

Tourbeschreibung | Vom Parkplatz am Bootshafen in Dascio geht man wenige Schritte zurück zur Kirche, wo man am Stop-Schild dem Wegweiser San Fedelino nach rechts folgt (Via Bruga). Nach ca. 50 m biegt man in der Linkskurve vor dem Haus Nr. 14 rechts in einen kleinen Pfad ein, welcher nach ca. 20 m an der Mauer eine rot-weiße Markierung des Weges für Sie bereithält. Dort folgen Sie dem Pfad nach links und stoßen auf einen Schotterweg (auch hier gibt es Parkmöglichkeiten). Nach rechts weitergehend, passiert man einen Brunnen, eine kleine Häusergruppe und erreicht - wenn man nicht viel Zeit mit Fotografieren verbracht hat - nach ca. 30 min. (ab Start) den Aussichtspunkt **Sasso di Dascio** (Wasser!), der in wenigen Worten das gegenüberliegende Naturschutzgebiet **Pian di Spagna** beschreibt. Dem Weg folgend gelangen Sie bald (ca. 15 min. ab Sasso di Dascio) an eine Weggabelung - der Wegweiser **Sentiero Life** ist hier richtungsgebend und führt am Ende des Platzes zwischen zwei Häusern weiter (rot-weiße Markierung). Nach wenigen Schritten passieren Sie die Brücke.
Danach steigt der Weg an - es geht nun weiter durch den Wald. **Achtung**: Man wird vielleicht dazu verleitet, an den kommenden Häusern geradeaus weiterzugehen - hier muss man aber dem Weg links folgen - es gibt rot-weiße Markierungen! An der nächsten Weggabelung ist am Kastanienbaum eine kleine Plakette mit dem Life-Symbol angebracht - hier geht es leicht abwärts weiter. Gehen Sie am Bach über die erste Brücke und steigen Sie auf der anderen Seite die Treppe hinauf - Markie-

rung nach ca. 5 min.! Dank des milden Klimas wachsen in dieser Gegend mediterrane Pflanzen wie Zistrosen, Baumheide und Pinien. Bald befinden Sie sich am höchsten Punkt dieser Wanderung (Brentaletto) - auf der gegenüberliegenden Seite liegt der Ort Novate Mezzola. Nun geht es auf einem eher spärlich markierten Weg abwärts durch den Wald. Nach ca. 30 min (ab Brentaletto) gelangt man an eine Kreuzung mit diversen Wegweisern. Es lohnt sich, rechts einen Abstecher zum wenige Minuten entfernten Aussichtspunkt zu machen (Schild Alpe di Teolo). Von dort aus gibt es eine Abkürzung nach San Fedelino, die man sich aber besser für den Rückweg aufhebt, weil der Abstieg dort sehr steil über größere Felsbrocken verläuft. Zurück also an der Kreuzung im Wald folgt man diesmal NICHT dem Life-Symbol und auch **NICHT** dem Wegweiser San Fedelino. Stattdessen lässt man sich vom **Percorso storico di valle Via Francisca** leiten. Nach ca. 30 m sehen Sie eine gelbe Markierung am Baum sowie links die bereits bekannte rot-weiße Markierung, welcher Sie dann folgen. Sie erreichen das Ufer des Flusses Mera ca. eine halbe Stunde nach der Kreuzung im Wald. Nun biegt man nach rechts ab (Schild - San Fedelino), passiert zwei Metalltreppen und kommt schließlich nach weiteren 30 min. an der kleinen Kirche San Fedelino an - auf einer kleinen Lichtung am Fluss. **Ein idyllischer Sandstrand,** an dem sich auch die Bootsanlegestelle befindet, liegt wenige Minuten hinter der Kirche.

Tourvarianten | **1 Mit dem Boot zurück nach Dascio** +39 389.3438863 oder +39 346.0873962 (Martha und Romano). **2** Die **Abkürzung** über den steilen felsigen Weg, der ca. 20 m nach der Kirche beginnt, endet oben an der Kreuzung im Wald. Der Aufstieg dauert ca. eine halbe Stunde.

TOUR 05 Der Monte Legnoncino **

Der kleine Bruder des Legnone ist wegen der Aussicht empfehlenswert. Die Tour bietet einen ersten, wenig anstrengenden Einstieg in die Bergwelt der Region. In weiten Serpentinen geht es zunächst auf eine schöne Lichtung mit Picknick-Möglichkeit. Der Anstieg zum Gipfel führt über einen schmalen, aber ungefährlichen Pfad. Nur die Anfahrt zum Ausgangspunkt ist für Comer-See-Neulinge zäh und teilweise nervig.

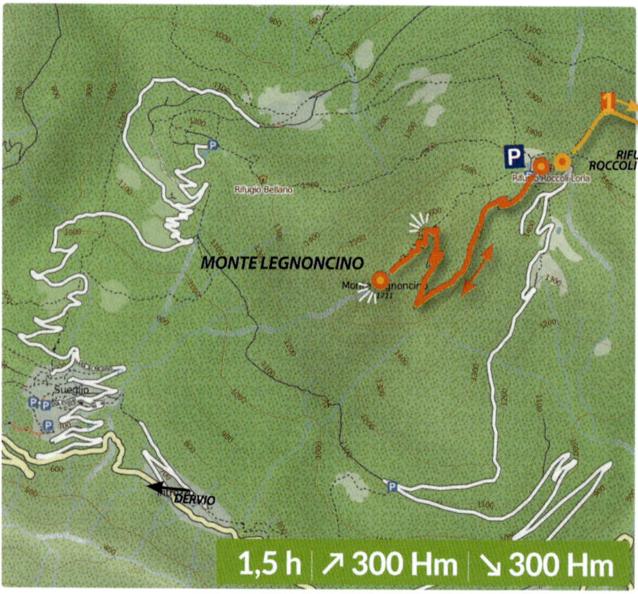

- **Ausgangsort:** Parkplatz beim Rifugio Roccoli Lorla (ob. Dervio)
- **Zielort:** Gipfel Monte Legnoncino (1 714 m)
- **Einkehrmöglichkeiten:** Rifugio Roccoli Lorla (einfache, aber schmackhafte Gerichte; Öffnungszeiten beachten)
- **Reine Gehzeit:** Aufstieg 1 h ; Abstieg 0,75 h
- **Streckenlänge:** ca. 3 km

Anfahrt | Bis zum Ausgangspunkt, dem Parkplatz bei der Berghütte ‚Roccoli Lorla', müssen Sie von Dervio aus eine gute halbe Stunde rechnen. Biegen Sie in Dervio an der Hauptkreuzung nach Osten in den historischen Ortskern. Ein Schild mit der Aufschrift ‚Val Varrone' gibt zusätzlich Hilfestellung. In vielen Serpentinen führt die Straße zunächst nach Introzzo, in Tremenico geht es dann links ab zum Rifugio ‚Roccoli Lorla', die Abzweigung kann man schon mal übersehen. Unweigerlich geht es immer weiter nach oben, in kürzester Zeit überwindet man 1 200 Höhenmeter. Kurz vor dem Ziel liegt auf der rechten Seite der **Weiler Monte Lavade**, eine Ansammlung eng anei-

nander gebauter und meist ansprechend modernisierter Wochenendhäuser. Lassen Sie die Siedlung und das folgende Ristorante getrost hinter sich, nach ein paar Kehren erreichen Sie endlich den großen Parkplatz.

Charakter | Die Wandertour verläuft über gepflegte Forstwege in Serpentinen zum nördlich gelegenen Vorgipfel, wo sich einige Picknicktische und Infotafeln zur Geologie des Berges befinden. Die letzten Meter führen auf einem Wanderpfad schließlich über ein schönes, abwechslungsreiches und **leicht felsiges Gelände** zum Gipfel. Die lange Anfahrt steht in keinem rechten Verhältnis zur Strecke, die man dann in der Natur verbringt. Der Blick vom Gipfel ist allerdings so beeindruckend, dass diese Tour trotzdem zu empfehlen ist. Außerdem gibt es vom Parkplatz aus einige Wanderwege, die man ergänzend gehen kann, sollte das Pensum noch nicht erschöpft sein.

Tourbeschreibung | Im Angesicht des großen Monte Legnone, dem höchsten Berg am Comer See, beginnt die Tour am östlichen Ende des Parkplatzes. Ein gelbes Schild mit der Aufschrift Legnoncino weist die Richtung. Schnell erkennt man den breiten Forstweg, der durch eine Schranke vor Fahrzeugen geschützt ist. In dichtem Wald geht es sanft bergauf, eine besonders ausgeprägte Steigung sucht man vergebens. In einigen Kehren gibt der Wald schöne Ausblicke auf die nähere Umgebung frei, in der letzten Biegung eröffnet sich ein schönes, großzügiges Plateau mit der Möglichkeit, auf Picknicktischen ausgiebig zu pausieren. Die Aussicht auf das nördliche Ende des Sees mit dem **Valtellina und dem Val Chiavenna** ist schon hier sehr schön. Einige Informationstafeln berichten von alten Militärpfaden, der Entstehung der Bergamasker Alpen (Alpi Orobie) und von anderen Natur relevanten Themen. Wer noch

keine Pause braucht, und das werden nach knapp 45 Minuten die meisten sein, geht unvermittelt weiter. Nach kurzer Zeit verjüngt sich der breite Weg zu einem engeren Pfad, einige felsige, aber gut zu schaffende Abschnitte machen deutlich, dass man sich auf fast 2 000 m befindet. Das alte, vermutlich militärisch genutzte Steinhaus lassen Sie rechts schnell hinter sich, nach wenigen Minuten erscheint das Gerippe des Gipfelkreuzes und der Arbeit Lohn wird sichtbar: **eine der grandiosesten Panoramen der Umgebung**, nur vom großen Bruder zu übertreffen. Bei guter Sicht sieht man nicht nur über den Comer See bis Bellagio und etwas weiter in die beiden südlichen Seitenarme, sondern auch bis zum beeindruckenden Massiv des **Monte Rosa** im Südwesten. Auf derselben Strecke geht es wieder zurück.

Tourvarianten | 1 Im Grunde gibt es nur eine interessante Variante, und das ist die Besteigung des **Monte Legnone**, des Königs der Comenser Bergwelt. Die Verlockung ist groß, sind es vom Parkplatz doch nur 3 h, die einen vom Gipfel trennen. Empfehlenswert ist das Begehen der Strecke für ca. 1 h, kann man so ein bisschen in die ‚Grande Tour' hineinschnuppern. Trotzdem ist für viele hier Schluss und die Tour wird gerne einmal aufs nächste Jahr verschoben. Die genaue Beschreibung zum Monte Legnone finden Sie auf S. 25. 2 Im Westen des Parkplatzes gibt es weitere Freizeiteinrichtungen wie eine Picknick-Area mit einigen Grillstellen. Von dort führen markierte Wege in die nähere Umgebung, allesamt in max. 45 min. zu schaffen. Den ausgeschilderten ‚Percorso Botanico' konnten wir allerdings nicht finden, nach **Sommafiume**, einem Berg- und Sommerweiler gelangt man in gut 45 min.

TOUR 06 Der Monte Legnone (2 609 m) ***

Schöne und anstrengende Königstour am Comer See. Jeder ambitionierte Bergwanderer muss diesen höchsten und wunderschönen Berg am Comer See erklimmen, da er zwar Kräfte raubend und anspruchsvoll, aber keinesfalls gefährlich ist. Mit guter Ausrüstung, ausreichend Verpflegung, Ausdauer und Besonnenheit eine beeindruckende und unvergessliche Tour.

- **Ausgangsort:** Parkplatz beim Rifugio Roccoli Lorla (1 453 m)
- **Zielort:** Gipfel Monte Legnone (2 609 m)
- **Einkehrmöglichkeiten:** Rifugio Roccoli Lorla (einfache, aber schmackhafte Gerichte; Öffnungszeiten beachten)
- **Reine Gehzeit:** ca. 6 h
- **Streckenlänge:** ca. 12 km

Anfahrt | Bis zum Ausgangspunkt, dem Parkplatz bei der Berghütte ‚Roccoli Lorla', müssen Sie von Dervio aus eine gute halbe Stunde rechnen. Biegen Sie in Dervio an der Hauptkreuzung nach Osten in den historischen Ortskern. Ein Schild mit der Aufschrift ‚Val Varrone' gibt zusätzlich Hilfestellung. In vielen Serpentinen führt die Straße zunächst nach Introzzo, in Tremenico geht es dann links ab zum Rifugio ‚Roccoli Lorla', die Abzweigung kann man schon mal übersehen. Unweigerlich geht es immer weiter nach oben, in kürzester Zeit überwindet man 1 200 Höhenmeter. Kurz vor dem Ziel liegt auf der rechten Seite der Weiler Monte Lavade, eine Ansammlung eng aneinander gebauter und meist ansprechend modernisierter Wochenend-

häuser. Lassen Sie die Siedlung getrost hinter sich, nach ein paar Kehren und einem Ristorante erreichen Sie endlich den großen Parkplatz.

Charakter | Die **Bergtour** verläuft anfangs recht einfach über wurzelige Pfade meist am südlichen Hauptkamm dieser Aufstiegsvariante. Später wird der Pfad schmaler, steiniger und auch steiler. Kurz vor dem Gipfel felsig und geröllig, z.T. mit Seilen und Eisenbügeln gesichert. Über den gesamten Anstieg hat man atemberaubende Blicke auf die umliegende Bergwelt. Die Strecke ist höchst abwechslungsreich, auch im Anstieg. Sie erfüllt alle Ansprüche einer (hoch)alpinen Bergtour und kann über den Alta Via Valsassina weitergeführt werden. Auf ca. 2 100 m befindet sich die Biwakschachtel ‚Ca de Legn', die zwar offen ist, aber keinerlei Ausrüstung (Matratzen, Decken, etc.) beinhaltet. Unterwegs hat man die Möglichkeit, in einer Kammsenke die Alpe Agrogno aufzusuchen, die aber in der Regel nicht bewirtschaftet ist,.

Tourbeschreibung | Die Tour auf den höchsten Berg am Comer See beginnt am östlichen Ende des Parkplatzes, direkt linker Hand des Gasthauses. Die Strecke führt zunächst durch einen ausgiebigen lichten Bergwald. **Der Weg ist immer gut erkennbar, markiert und niemals verfehlbar**. Den Einsatz von GPS-Geräten kann man sich aus Gewichtsgründen sparen. Viele Wurzeln ragen aus dem durch Tausende von Schuhen verdichteten Waldboden heraus und könnten unvorsichtige Wanderer zu Fall bringen. Nach ca. 1 h erreicht man eine Stelle, von der man rechterhand aus in wenigen Minuten zur Alpe Agrogno (ca. 1 750 m) abzweigen kann. Da es dort aber nichts Besonderes zu erleben gibt, geht es auf dem Hauptweg am Kamm entlang weiter in Richtung Gipfel. In einigen mehr oder

weniger steilen Aufschwüngen erreicht man nach einer weiteren Stunde die kleine Biwakhütte ‚Ca de Legn' (ca. 2 150 m), ein sicheres Indiz dafür, dass es nun ernst wird. Die Wegstrecke wird zunehmend steiler, der Untergrund felsiger und zugleich auch unsicherer, da sich an einigen Stellen Geröll angesammelt hat. Über teilweise große Stufen gelangt man schließlich zum Gipfel, die letzten Meter sind mit Eisenbügeln und Ketten bzw. Seilen gesichert, übrigens an keiner Stelle ausgesetzt. **Der Blick, der jeden hier in seinen Bann zieht, ist gewaltig**. Nach Norden erstreckt sich das Valtellina mit den Orten Morbegno und Sondrio, darüber die massiven Bergketten der Rätischen Alpen. Im Osten zeigt sich das nördliche Ende des Comer Sees mit dem Lago die Mezzola, Colico direkt unterhalb. Nach Westen gerichtet erblickt man den kleinen Bruder des Monte, den Legnoncino, weiter südlich den Monte di Muggio und dahinter bei guter Sicht Bellagio.

TOUR 07 Höhenweg: Domaso-Gera Lario **

Kurze Höhenwanderung mit schönen Ausblicken zum See und in die umliegenden Bergdörfer. Schön und angenehm zu gehen. Zurück zu Fuß, mit dem Schiff oder der Buslinie C10 von der Haltestelle in Gera Lario. Tickets für den Bus gibt es in der Bar Pace. Die Strecke ist ein Teil der alten Verbindungsstraße vom Norden des Sees nach Como der ‚Via Regina antica' (s. S. 75). **Der alte Maultierpfad hat seinen Startpunkt in Chiavenna.**

- **Ausgangsort**: Parkplatz bei der Tourismus-Information von Domaso (in der Ortsmitte)
- **Zielort**: Gera Lario (Brücke über den Fluss Vincenzo)
- **Einkehrmöglichkeiten**: Vercana (Bar am Kirchplatz)
- **Reine Gehzeit**: 2 h
- **Streckenlänge**: ca. 8 km

Anfahrt | Über die SS36 fahren Sie in die Ortsmitte von Domaso. Parken Sie am großen Parkplatz bei der Tourismus-Information direkt neben der Brücke über das Flüsschen Livo.

Charakter | Alter Saumpfad mit sehenswerten Kirchen; tolle Ausblicke auf den Comer See; die Strecke ist die achte Etappe der alten Strada Regina.

Tourbeschreibung | Die Wanderung beginnt am Parkplatz in der Nähe der Tourismusinformation in Domaso. An der Brücke, wo das Flüsschen Livo in den See fließt, wandern Sie links

am Fluss entlang zur **Kirche San Bartolomeo**. Ca. 200 m dahinter in westlicher Richtung überqueren Sie den Gebirgsbach in Richtung Norden, die Straße nach Gaggio lassen Sie dabei links liegen. Über einen gepflasterten Weg geht es bergauf bis zum Ort Vercana. Vorbei an einigen Kirchen und immer wieder die Straße kreuzend, erreicht man nach ca. 30 min den Vorplatz der Chiesa San Salvatore in Vercana. Die **Aussicht vom Kirchplatz** eignet sich für eine erste Pause, eine öffentliche Toilette gibt es unterhalb der Kirche im Haus des Alpenvereins. Das Ristorante und Gästehaus Bellavista bietet knusprige Pizza, die Sonnenterrasse ist allerdings meist nur in den Monaten Juli und August geöffnet. Verlassen Sie Vercana bzw. Arbosto entlang der Straße in nördlicher Richtung. Viele vermeintliche Wege zum nächsten Zwischenziel zweigen nun ab. Gehen Sie den letzten gepflasterten Aufstieg steil nach oben. Der Weg macht nach ca. 50 Metern eine scharfe Linksdrehung. Überqueren Sie die Bergstraße, ein Schild mit der Bezeichnung **Caino** weist uns den Weg. Am Ende gelangen Sie auf eine kaum befahrene Straße, leicht links liegt ein neu gebauter, kubischer Appartementkomplex. Sie halten sich rechts in Richtung Norden, die Straße geht bald in einen Feldweg über. Folgen Sie diesem Weg durch schöne Landschaften, vorbei an Bienenstöcken, alten Rusticos, über ein Bächlein bis nach Aurogna.

Der Weg wird zwischenzeitlich immer enger, bleibt aber gut begehbar. In Aurogna nehmen Sie die erste Treppe an einem Weinstock bergab. Der schöne alte Saumpfad bringt Sie jetzt talwärts nach Gera Lario. Immer mal wieder müssen Sie ein paar Meter auf der Straße zurücklegen. Entwickeln Sie selbst eine Sichtweise, mit der Sie die Fortsetzungen der Pfade erkennen können. Sie werden sehen, mit der Zeit klappt das ganz gut. Unten im Tal überqueren Sie bei der Kirche die Straße.

An der Uferpromenade gelangen Sie ins Herz von Gera Lario, einem erfrischenden Getränk steht nun nichts mehr im Wege.

Tourvarianten | 1 Am Ufer des Sees geht es weiter nach **Sorico**. Bei der Kirche San Stefano überqueren Sie die Straße, lassen einen weiteren Bach hinter sich und begehen dann die Strecke zur **Wallfahrtskirche San Miro**. Über einen steilen Anstieg geht es ca. 100 m bergauf. Die Kirche wurde extra vergrößert, um den Besucherstrom angemessen zu versorgen. Wenn Sie wollen, geht es durch Waldgebiete auf der Via Masina weiter nach Dascio, einem Ort, der unmittelbar vor dem Lago di Mezzola liegt. Ein schönes Lokal direkt am See sorgt für einen entspannten Tourausklang. Im Anschluss laufen Sie entlang des Flusses Mera zurück zur Ponte del Passo, der einzigen Brücke über den Fluss. Mit dem Bus geht es zurück zum Ausgangspunkt.

Belohnung | In Gera Lario darf man sich nach getaner Arbeit einen Cafe oder ein Birra grande genehmigen; schön ist es am Hafen im Café **Chioschetto Lido di Gera**; ebenfalls empfehlenswert die **Bar Pace** an der Durchgangsstraße; von hier fährt dann auch der Bus zurück nach Domaso.

TOUR 08 Crotto Dangri im Livotal ***

Ambitionierte Wanderung im schönen Val di Livo. Anfangs folgt man der Straße zum Ortsteil Gaggio; später führt der Weg in ruhigem Gelände durch das Örtchen Livo immer tiefer in das Tal hinein. Am Ende liegt der Weiler Dangri mit einem urigen Berglokal samt Erfrischung im kühlen Flusswasser des Livo.

- **Ausgangsort:** Parkplatz bei der Tourismus-Info in Domaso
- **Zielort:** Dangri (Weiler in einem schönen Hochtal)
- **Einkehrmöglichkeiten:** Livo (Trattoria San Anna), Peglio (Trattoria Falco; Alimentari); urige Brotzeit im Crotto Dangri
- **Reine Gehzeit:** 5 h
- **Streckenlänge:** 14 km

Anfahrt | Über die SS36 fahren Sie in die Ortsmitte von Domaso. Parken Sie am großen Parkplatz bei der Tourismus-Information direkt neben der Brücke am Flüsschen Livo. **Die Wanderung lässt sich abkürzen**, wenn Sie das Auto bei der Kirche San Giacomo (vecchia) in Livo abstellen. Fahren Sie dazu über Gravedona und Peglio nach Livo.

Charakter | Zwei Anstiege von 300 und 100 Höhenmetern. Schönes Tal mit Gebirgsbach; Badegumpen bei Dangri; familienfreundlich, kaum Straßen.

Tourbeschreibung | In Domaso folgen Sie links der Brücke zunächst dem Flüsschen Livo in Richtung Kirche. An dieser rechts vorbei gelangen Sie dann auf die kaum befahrene Fahrstraße bis zum Örtchen **Gaggio**, die in einigen Serpentinen, später auch auf dem klassischen Kopfsteinpflasterweg, weiter nach oben führt. Am Waschhaus betreten Sie Gaggio, passieren wenige Schritte später ein traditionelles Gasthaus. Bleiben Sie immer auf dem Hauptweg, bis die Bebauung spärlicher wird. Von nun an führt der Weg am Hang auf einigen Kehren durch einen dichten Wald. Nach ca. einer halben Stunde öffnet sich die Vegetation und bald wird der Blick auf Livo frei. Im Ort selbst orientieren Sie sich zur oberen Dorfstraße, die mit vielen Hinweisschildern auf das Ziel ‚Crotto Dangri' hinweist. Nach Dangri führt eine gut ausgebaute Beton-/Schotterpiste, die am nördlichen Ortsende auch an der **Kirche San Giacomo** vorbeiführt. Die Kirche selbst ist durchaus sehenswert und bietet einige restaurierte Fresken aus dem 16. Jahrhundert, gebaut wurde sie ursprünglich im Jahre 1297. Von der Ostseite der Kirchenanlage genießen Sie einen schönen Blick auf den Comer See und die Umgebung. Folgen Sie dem sich langsam verjüngenden Weg nun weiter nach Norden, stets in einiger

Entfernung begleitet vom Flüsschen Livo, das sich hier seinen Weg ins Tal gebahnt hat. Einen Zugang zum Fluss zu finden ist allerdings nicht ganz leicht, verläuft er doch zuweilen tiefer im Tal. Mutige Kletterer folgen evtl. ausgetretenen Pfaden, um ein kurzes Fußbad zu nehmen. Die den Weg säumenden Esskastanienbäume zeugen übrigens von einer ehemaligen Einnahmequelle der Bergbauern: bis heute werden in einigen Berggasthöfen Speisen mit Esskastanien angeboten. Nach max. einer Stunde erreichen Sie die Lokalität Dangri, die aus einigen Ferienhäusern und einem Gasthaus besteht. Im Gasthaus bekommen Sie regionale bäuerliche Kost z.B. Polenta mit Bergkäse, Pizzocheri alla Valtellinese, gebratene Schälrippen. Der Cappuccino ist bisweilen nicht ganz heiß, da die Stromversorgung keine typischen Kaffeemaschinen zulässt. Auf der gut beschatteten Terrasse bzw. einem schönen Balkon erholt man sich von der Wanderung. Der Gebirgsbach, der direkt unterhalb des Lokals verläuft, bildet an dieser Stelle **einige Gumpen und Wasserfälle**, die im Sommer für eine willkommene Abkühlung sorgen. Dangri kann auch mit dem Auto erreicht werden, Parkplätze stehen allerdings nur in geringer Anzahl zur Verfügung. Auf demselben Weg geht es zurück nach Gravedona bzw. Domaso. In Livo gibt es zudem die Möglichkeit mit dem Bus C18 zurück nach Gravedona/Domaso zu fahren. Abfahrten an der Piazza in Livo 13.00, 15.00 und 17.10 Uhr (Sommerfahrplan 2018).

Tourvarianten | 1 Über die Bergweiler Baggio, Borgo und Pianezza zum **Lago Darengo** (schöner Gebirgssee 3h; 1 781 m) und im weiteren Verlauf zum Pizzo Campanile (2 458 m), der die Grenze zur Schweiz darstellt. 2 Die Strecke ab Livo ist Teil der 4. Etappe der **Via dei Monti Lariani** (von Garzeno nach Sorico) und führt auf ca. 21 km nach

Sorico. 3 Von Dangri führt ein alternativer, etwas bergiger Weg südlich des Hinwegs zurück nach Livo (1 h). Am alten Steinhaus im Wald geht der Weg, rechts am Haus vorbei, weiter bergauf durch ein großes Farnfeld über Piaghedo (Weiler) zurück. 4 Wem die Strecke zu lang ist, der fährt mit dem Auto oder Bus nach **Peglio**. Von dort geht ein schöner waldreicher Spaziergang um die Felsengruppe ‚Sasso Pelo'. Folgen Sie zunächst am Ortsausgang nach Livo dem Feldweg in östlicher Richtung. Unterwegs kommen Sie je nach Routenwahl (es gibt mehrere Wege) an einer kleinen Kapelle und dem Örtchen ‚Naro' vorbei. Oftmals trifft man unterwegs auf Kletterer, die am Sasso Pelo ihr Handwerk trainieren. 5 Die **Fahrstraße von Peglio in Richtung Bodone**. In vielen engen Serpentinen (wenig Autoverkehr) genießen Sie die Aussicht auf die Bergwelt und den Comer See. Auf ca. 800 m erreichen Sie das **Agriturismo Zertin**, wo Sie für eine Erfrischung oder zum Essen Station machen können. Das Gasthaus bietet Zimmer und regionale Speisen aus eigener Produktion (www.agriturismozertin.com). Von Bodone aus zum Monte Duria (2 264 m).

Belohnung | Zurück in Domaso wartet im **Ristorante Arco Baleno** eine Pizza ‚originale'; wer am See sitzen möchte, geht am südlichen Flussufer entlang Richtung Strand, dort wartet eine szenige, junge Location (**Beach Hostel Bar**).

TOUR 09 Zur Alpe Graglio (Sennerei) **

Wer den Blick auf den Comer See genießen, sich vom märchenhaften Buchenwald verzaubern lassen und ein Stück lokal hergestellten Käse mit nach Hause nehmen will, ist auf dieser Tour genau richtig. Allerdings ist Orientierung gefragt, denn so wie viele Köche den Brei verderben so machen hier zahlreiche Wege die Wanderung zur Schnitzeljagd.

- **Ausgangsort**: Parkpl. Tabbiadello-Monti di Vercana (1 044m)
- **Zielort**: Alpe Graglio (ca. 1 410 m)
- **Einkehrmöglichkeiten**: keine
- **Reine Gehzeit**: 2,5 h
- **Streckenlänge**: ca. 8 km

Anfahrt | Tabbiadello liegt in den Bergen von Vercana. Wegschilder: Monti di Vercana, Tabbiadello, Pighe, Alpe Graglio.

Charakter | Schotterstraße, Waldwege und Trampelpfade; der zauberhafte Märchenwald und die Möglichkeit, mit einem lokal hergestellten Käse zurückzukehren, machen diese Wanderung zu einem besonderen Erlebnis. Vom 1. Juni bis Ende August.

Tourbeschreibung | Viele Wege führen zur Alpe Graglio. Sie finden hier die Beschreibung **der** Tour, die viel Ausblick auf den See bietet. Varianten, die unnötige Höhenmeter vermeiden (dafür aber auch Seeblick), sind unter **Tourvarianten** aufgeführt. **Von Tabbiadello** (dort gibt es Wasser) gehen Sie auf

dem Hauptweg in Richtung Pighe und dort vom Parkplatz über die Wiese und einen schmalen Pfad rechts an den Häusern vorbei. Man passiert einen Stein mit der Nr. 2 und biegt dann links auf einen Weg ab, der auf den Rücken des Berges führt – Sie kommen nach wenigen Minuten an einem Brunnen vorbei. (Zur Orientierung: von hier aus sieht man schon die Alpe Graglio knapp oberhalb der Baumgrenze!) **Mit Seeblick** führt er auf dem Bergrücken zu einer kleinen Ebene mit wunderbarer Aussicht auf den See – dies ist der Anfang des zauberhaften Buchenwaldes. Es gibt hier keinen beschilderten Weg durch den Wald, aber man findet einen ausgetretenen Pfad, wenn man geradeaus in den Wald hineingeht, der hinunter zur **Bocchetta di Graglio** (Piazze di Fondo) führt. Es gibt dort Wasser und einen Tisch mit Bänken.

Für das letzte Stück bis zur Alpe Graglio können Sie wieder aus verschiedenen Möglichkeiten wählen (s. Tourvarianten). Wichtig ist, dass Sie NICHT den breiten Weg nach rechts zwischen Nadelbäumen nehmen. Es empfiehlt sich, dem Weg in Richtung Alpe Mattarello (ohne Beschilderung) zu folgen (der Wegweiser Alpe Graglio am Brunnen ist irreführend und auch der einzige, den ich gefunden habe): zum Brunnen blickend, beginnt ein Stück weiter rechts der Weg, der sich durch den Laubwald hinaufschlängelt. Er führt über eine Lichtung mit Farn und teilt sich dann. Nehmen Sie den rechten Weg (durchgehende rote Linie auf o. g. Wanderkarte),der dann eine Zeitlang an einem Zaun entlang verläuft und schließlich scharf nach links abbiegt (auf der o. g. Karte als grau-gestrichelte Linie eingezeichnet). Nach 1 Std. 30 min. das Ziel die Alpe Graglio erreicht.

Tourvarianten | Zur **Bocchetta di Graglio** (Piazze di Fondo): 1 Unnötige Höhenmeter vermeiden: Durch den Wald von Pighe zur Bocchetta di Graglio (Piazze di Fondo). Der Weg beginnt direkt unterhalb der Häuser. Bei dieser Tour verzichten Sie auf den Zauber des Buchenwaldes. 2 Die Via dei Monti Lariani (VML) verläuft durch Tabbiadello. Am Brunnen in Tabbiadello kann man einsteigen und der rot-weißen Beschilderung bis zur Abzweigung folgen. Dort verlässt man die VML, geht zwischen ein paar Häusern durch und kommt auf den breiteren Weg, der durch den Wald (s. Tourvariante Nr. 1) von Pighe zur Bocchetta di Graglio führt.

Von **Bocchetta di Graglio** (Piazze di Fondo) zur Alpe Graglio: 1 Der sichtbarste Weg beginnt links des Wasserhäuschens. Diesen muss man aber zu gegebener Zeit verlassen und sich den Weg zur Alpe Graglio suchen. 2 Der kürzeste und direkteste Weg befindet sich zwischen den beiden auf der Karte eingezeichneten Wegen (durchgehend rot und rot gestrichelt) – er ist erkennbar, aber nicht beschildert.

TOUR 10 Zur Kapelle Santa Eufemia ***

Kurze Feierabendwanderung durch schöne Schrebergärten zu einer stattlichen Kapelle in besonderer Lage hoch über Dongo. Der Ausblick auf den nördlichen und südlichen See ist von hier aus phänomenal, der schön gepflegte Außenbereich der Kirche lädt zu einem kleinen Picknick ein. Attraktive Anschlusswanderungen in Richtung Musso und Pianello del Lario.

- **Ausgangsort**: Piazza Giulio Paracchini am Rathaus in Dongo
- **Zielort**: Wallfahrtskapelle Santa Eufemia
- **Einkehrmöglichkeiten**: keine
- **Reine Gehzeit**: 1 h
- **Streckenlänge**: 3 km

Anfahrt | Über die Uferstraße SS 36 gelangen Sie nach Dongo. Parkplätze gibt es vor dem Rathaus, direkt beim alten Fischerhafen nördlich der Tunnelausfahrt. Weitere Parkplätze am Fluss, westlich der Brücke.

Charakter | Kurzer steiler Anstieg durch Kleingärten, später im Wald mäßig; schöne Aussicht bei der Kirche; Picknickplatz.

Tourbeschreibung | Der Weg beginnt in Dongo am Hauptplatz der Gemeinde Dongo. Im Rathaus können Sie sich noch mit weiterem Infomaterial zur Umgebung ausstatten. Viele Cafés und Bars bieten einen köstlichen Café. Zunächst geht es auf engen Gassen in westlicher Richtung in den alten Ortskern.

Halten Sie sich immer nahe dem Berghang, so verfehlen Sie auf keinen Fall die Kirche. Folgen Sie der Via Lamberzoni bis zur einer kleinen Kirche. Gehen Sie rechts der Kirche bis zu einem stark ansteigenden Kopfsteinpflasterpfad weiter. Nach einigen Metern halten Sie sich rechts, der andere Weg verläuft im Nichts. **Durch schöne Gärten** und an alten Waschplätzen vorbei folgen Sie dem Pfad bis Sie auf den eigentlichen Bergpfad treffen. Knicken Sie nach links ab und der Weg führt im weiteren Verlauf durch dichten Wald direkt zur Kirche Santa Eufemia. Unterwegs treffen Sie auf einen nicht mehr ganz taufrischen Trimm-dich-Pfad. Bald verlassen Sie das Waldgebiet und erblicken die schöne Kirche. Leider ist sie meist verschlossen, die Aussicht auf den See umso schöner. Um die Kirche herum ist es sehr schön, eine lange Rast unumgänglich.

Tourvarianten | 1 Wer noch nicht genug hat, verfolgt die Wegspur weiter nach Süden. Die Strecke ist jetzt Teil der 6. Etappe der historischen **Strada Regina**. Es geht ein wenig bergab und bald schon erreichen Sie den Ort Musso, der von Dongo nur durch einen gewaltigen Felsen getrennt ist. Durch die einzelnen Teilorte Mussos und weitere Bergdörfchen geht es weiter

bis **Pianello del Lario**. Bleiben Sie immer auf halber Höhe zum Berg, bis Sie den Ort erreichen, der quasi das Ende der Bucht darstellt. Eine große Kirche direkt am See ist der Zielpunkt.

Belohnung | Am Ufer befindet sich das schöne und preisgünstige **Café Verande Beach**; hier sitzt man direkt am See und beobachtet die Windsurfer bei deren Sportaktivitäten. Angenehme Atmosphäre; Vis-à-Vis befindet sich ein ‚Fischrestaurant'! Zurück geht es dann an der Uferpromenade, die wirklich sehr schön gelungen ist (kurzes Stück im Tunnel vor Dongo!). Man kann sie gar nicht verfehlen. Von Pianello gehen auch Ausflugschiffe zurück nach Dongo. Wenn Sie mit dem Bus fahren wollen, achten Sie auf die Linie C10, vorne am Display muss Colico stehen. Tickets vorher im Tabacchi-Laden (Dongo) besorgen.

2 Vorbei am ehemaligen Castello di Musso zum **Kirchlein San Bernardo**. Von Santa Eufemia kommend folgen Sie der Straße/Weg nach Dosdual. In der großen Haarnadelkurve befinden sich die Überreste einer Burg, dem Castello di Musso. Folgen Sie der Straße/Weg weiter und erreichen Sie nach unzähligen Serpentinen den Einstieg in den Aufstieg zur Kirche San Bernardo (1 105 m). Ein toller Blick über die Berge und den Comer See entlohnen für die kurze Anstrengung.

TOUR 11 Zum Monte Berlinghera ***

Familienfreundliche und abwechslungsreiche Tour mit schönem Gipfel. Durch Waldgebiete, an malerischen Almen vorbei und durch schroffe Felswiesen führt diese anfangs leichte und nur am Ende etwas anstrengende Tour. Vom Gipfel, der von unten wie eine felsige Mütze aussieht, hat man einen weiten Blick auf den Comer See und die angrenzenden Bergtäler.

- **Ausgangsort**: Parkplatz an der Kapelle San Bartolomeo (Paragliding-Spot; 1 200 m) oberhalb Montemezzo (Gera Lario)
- **Zielort**: Gipfel Monte Berlinghera (1 930 m)
- **Einkehrmöglichkeiten**: keine
- **Reine Gehzeit**: 4 h
- **Streckenlänge**: 8 km

Anfahrt | Den Ausgangspunkt erreichen Sie über eine gut ausgebaute Teerstraße. Fahren Sie in Gera Lario zunächst an der Brücke/Kirche San Vincenzo in Richtung des Bergdorfs Montemezzo. Lassen Sie das Dorf links liegen und folgen Sie den Hinweisschildern nach **Bugiallo**. In vielen Kehren geht es hinauf zum Ausgangspunkt, einem **Parkplatz bei dem Kirchlein San Bartolomeo**. Unterwegs treffen Sie rechts auf das Agriturismo ‚Azienda Giacomino', es bietet schöne Zimmer und gutes Essen in traumhafter Lage. Rechnen Sie für die Anfahrt ab Talort ca. eine halbe Stunde.

Charakter | Die Wanderung beginnt mit einem schönen Waldpfad, der dann in einen breiten, nur teilweise steinigen Forstweg führt. Nach dem Winter sind einige Schlaglöcher und ausgewaschene, steinige Stellen keine Seltenheit. Ab dem Bergdorf dann schmale und am letzten Stück zum Gipfel leicht geröllige Wanderpfade. Durchgehend rot-weiß-rot markiert. Anfangs schöner Naturwanderpfad durch den Wald. Viele Brunnen, einige Picknickstellen. Beeindruckende Bergwelt oberhalb des Waldgebiets bei den Almhäusern. Am Ausgangspunkt befindet sich eine Drachenflieger bzw. Paraglider-Startrampe. Der Berlinghera ist vom Tal bzw. anderen Berggipfeln leicht erkennbar: er trägt eine steinige Mütze.

Tourbeschreibung | Die Tour beginnt an einem herrlichen Aussichtspunkt hoch in den Bergen oberhalb Gera Lario. In der Nähe der Kapelle San Bartolomeo weisen einige Wanderzeichen auf verschiedene Ziele hin, der Aufstieg zur Schutzhütte Capanna Como liefert hierbei mit 9 h den Spitzenreiter. Sie nehmen aber die Strecke direkt zur Alpe di Mezzo (50 min.). Es geht zunächst ca. 20 min. auf einem attraktiven Bergpfad vorbei an einigen Sommerweilern zu einem gut ausgebauten Forstweg. Achten Sie einfach immer auf die rot-weiß-rote Markierung. Unterwegs gibt es einige Brunnen, an denen Sie sich erfrischen können, denn der Weg ist an vielen Stellen recht steil und schweißtreibend. Folgen Sie diesem Forstweg eine gute halbe Stunde, dann erreichen Sie ein großes Almgebiet mit einigen Alpen und Ferienhäusern, die aber nicht bewirtschaftet sind. Ein nicht gerade malerisch verbauter Mast einer Hochspannungsleitung zwischen zwei Bergen bildet das nächste Zwischenziel. Sie halten sich - immer den Spannungsmast im Auge - geradeaus, folgen dem Weg bis zu einer einzeln stehenden Lärche, in deren Nähe sich ein Picknicktisch

befindet. Hier beginnt gut getarnt der Bergpfad auf den Gipfel. Planen Sie bei zügiger Gangart ca. 45 min ein. Bei klarem Wetter haben Sie schon hier tolle Ausblicke in die umliegenden Gebiete, viele Alpenrosen blühen auf den sonnigen Hängen. Die Boccetta Chiaro, die Bergrückensenke zwischen dem Sasso Canale und Ihrem Zielberg Monte Berlinghera, ist ein interessantes Zwischenziel, kann man von hier hinüber ins Val Chiavenna blicken. Es folgt südlich ein kurzer, aber anstrengender und steiler Anstieg auf beeindruckende 1 930 Meter. **Gutes Schuhwerk** ist ab hier dringend anzuraten. Unterwegs passiert man ein Kreuz, aber für alle ist klar, dass hier der Gipfel noch nicht erreicht ist (auch, wenn es so aussieht). Ganz oben gibt es dann Rundumblick pur. Der Gipfel besteht aus unzähligen Steinbrocken. Auf demselben Weg geht es wieder zurück zum Ausgangspunkt.

Ausklang | Im **Agriturismo Giacomino** kann man (nicht nur) wunderbar regionale Spezialitäten kennenlernen, sondern auch vorzüglich nächtigen. Via Fordeccia, 42, 22010 Sorico, Telefon: +39 333 131 3313.

TOUR 12 Zum Sasso Canale (2 411 m) ***

Stattlicher Berg am nördlichen See. Die Tour führt zunächst durch abwechslungsreiches, waldreiches Gelände und mündet schließlich in steiniger hochalpiner Umgebung. Der Sasso Canale bildet mit seinen 2 411 m den Anfang einer ganzen Reihe von Zweitausendern, die mit einer gewaltigen Bergkette im weiteren Verlauf die Grenze zur Schweiz bilden. Die Tour ist ab der Alpe di Mezzo nur für erfahrene und ausdauernde Bergwanderer geeignet.

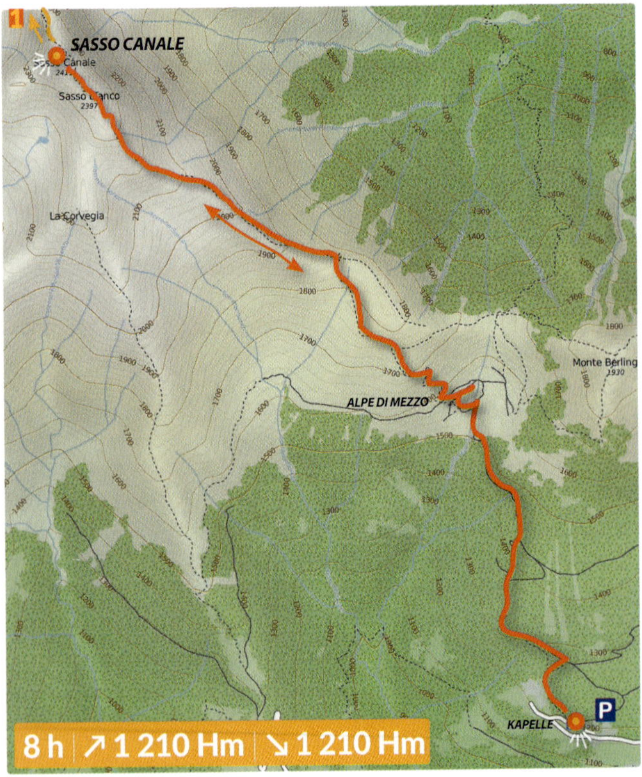

- **Ausgangsort**: Parkplatz an der Kapelle San Bartolomeo (Paragliding-Spot; 1 200 m) oberhalb Montemezzo (Gera Lario)
- **Zielort**: Gipfel Sasso Canale (2 411 m)
- **Einkehrmöglichkeiten**: keine
- **Reine Gehzeit**: 8 h
- **Streckenlänge**: 8 km

Anfahrt | Den Ausgangspunkt erreichen Sie über eine gut ausgebaute Teerstraße. Fahren Sie in Gera Lario zunächst an der Brücke/Kirche San Vincenzo in Richtung des Bergdorfs Montemezzo. Lassen Sie das Dorf links liegen und folgen Sie

den Hinweisschildern nach **Bugiallo**. In vielen Kehren geht es hinauf zum Ausgangspunkt, einem **Parkplatz bei dem Kirchlein San Bartolomeo**. Unterwegs treffen Sie rechts auf das Agriturismo ‚Azienda Giacomino', es bietet schöne Zimmer und gutes Essen in traumhafter Lage. Rechnen Sie für die Anfahrt ab Talort ca. eine halbe Stunde.

Charakter | Die Wanderung beginnt mit einem schönen Waldpfad, der dann in einen breiten, teilweise steinigen Forstweg führt. Ab dem Bergdorf dann steiler und teilweiser loser Untergrund. Die letzten Passagen sind technisch anspruchsvoll, teils Klettereinlagen der Stufe II. Anfangs schöner Naturweg durch den Wald. Viele Brunnen, einige Picknickstellen. Beeindruckende Bergwelt oberhalb des Waldgebiets bei den Almhäusern. Die Strecke ist der letzte Teil der Alta Via del Lario, einem mehrtägigen Bergtourenweg, der hier sein Ende hat.

Tourbeschreibung | Die Tour beginnt an einem herrlichen Aussichtspunkt hoch in den Bergen oberhalb Gera Lario. In der Nähe der **Kapelle San Bartolomeo** weisen einige Wanderzeichen auf verschiedene Ziele hin, der Aufstieg zur Schutzhütte Capanna Como liefert hierbei mit 9 h den Höhepunkt. Sie nehmen aber die Strecke direkt zur Alpe di Mezzo (50 min). Es geht zunächst ca. 20 min auf einem attraktiven Bergpfad vorbei an einigen Sommerweilern zu einem gut ausgebauten Forstweg. Achten Sie einfach immer auf die rot-weiß-rote Markierung. Unterwegs gibt es einige Brunnen, an denen Sie sich erfrischen können, denn der Weg ist an vielen Stellen recht steil und Schweiß treibend. Folgen Sie diesem Forstweg eine gute halbe Stunde, dann erreichen Sie ein großes Almgebiet mit einigen Alpen und Ferienhäusern, die aber nicht bewirtschaftet sind. Der Weg führt uns links über die Brücke und gleich wieder

rechts an den Häusern vorbei zu einem Bildstock. Dort queren wir den oberhalb liegenden Fahrweg. Der Pfad zieht sich den Hang hinauf. Nach ca. 2 h erreichen wir Il Termione - ein Steinmännchen am Ende einer Mauer. Der Weg zieht sich nun immer dem Rücken entlang, teilweise mit leichter Blockkletterei. Über eine sehr steile, geröllige Rinne erreichen wir eine Scharte kurz unterhalb des Sasso Bianco (2 396 m). Dieser Vorgipfel ist nach ca. 3,75 h erreicht. Man folgt der Beschilderung und Markierung in Richtung Bivacco Ledu. Am Anfang einfache Kletterei, zieht sich der Weg dann durch einen Hang zur Scharte und in einer kurzen Kletterei (Stufe II) auf den Gipfel. Nach gut 4 h ist die Tour geschafft, ein traumhafter Rundumblick ist der verdiente Lohn.

Tourvarianten | 1 Für eine mehrtägige Tour bietet sich eine Fortsetzung auf dem **Alta Via del Lario zum Pizzo Ledu** (2 418 m) und weiter zum Bivacco Ledu an, eine Biwakschachtel, die unverschlossen auf Übernachtungsgäste wartet. Fast überflüssig zu erwähnen, dass es sich dabei um ein hochalpines Klettergebiet handelt.

TOUR 13 Zum Monte Duria (2 243 m) ***

Anspruchsvolle Bergtour in reizvoller Umgebung mit schönen Panoramablicken über den See und die Bergwelt. Nicht sonderlich gefährlich, aber zum Ende hin kräftezehrend. Guter Trainingsberg für den Monte Legnone. Zunächst verläuft der Weg über saftige Bergwiesen. Später wird es etwas geröllig und felsig (gutes Schuhwerk unbedingt erforderlich!).

- **Ausgangsort**: Bergdorf Bodone (1 113 m, oberhalb Peglio/Gravedona)
- **Zielort**: Gipfel Monte Duria (2 243 m)
- **Einkehrmöglichkeiten**: keine
- **Reine Gehzeit**: 6 h
- **Streckenlänge**: 11 km

Anfahrt | Von der Via Regina (SS 340) am Seeufer geht es mitten im Ort nach Westen in Richtung Berge. Folgen Sie der Wegweisung nach Livo/Peglio. In Peglio angekommen, bleiben Sie auf der Hauptstraße, passieren die Ortsenge und folgen der Straße nach Livo. Kurz nach Ortsende Peglio fahren Sie hinter der Kapelle links den Berg hinauf (Straße in der Karte nicht sichtbar!). Folgen Sie den Serpentinen ca. 20 min bis **nach Bodone.** Im Ort halten Sie sich rechts bis zum Parkplatz.

Charakter | Von Gravedona kommend rechnen Sie für die Anfahrt bis Bodone mit dem Auto ca. eine halbe Stunde (durchgängig Serpentinen!); schöne Rundwanderung um einen kleinen Gipfel; tolle Weitblicke über den Comer See auf meist baumfreien Almen.

Tourbeschreibung | Am Parkplatz am Ende der Straße (mit Brunnen und Sitzplatz) weist ein Schild den Einstieg zum Weg auf den Monte Duria. Wir folgen den rot-weißen Markierungen über einen steilen, teils gerölligen und ausgewaschenen Pfad durch Wiesen und Farn. Nach ca. 50 Minuten erreichen wir die Alm des Rifugio Motta (nicht bewirtschaftet). Beim Rifugio Motta führt der Weg an der Südseite des Hanges nach oben. Man erreicht bald einen kleinen Hügel, von dem man ca. 80 Höhenmeter absteigen muss, um einen Brunnen zu erblicken. Der Weg zieht sich am Hang oberhalb der Buchenwälder zur Sella di Paregna (Brunnen). Jenseits der Brunnen sieht man schon die zahlreichen rot-weißen Markierungen, denen wir den steilen Weg nach oben folgen. Nach ca. 1,5 h stößt man auf einen Felsen, der mit der Aufschrift Duria und einem Pfeil nach links oben den Weg angibt. Von hier sind es noch ca. 30 Minuten zum Gipfel. Der Weg zieht sich nun sehr steil durch eine geröllige Rinne, teilweise weglos nach oben.

Die Markierungen führen uns aus der Rinne in den Süd-Ost-Hang des Gipfelaufbaus. In leichter Kletterei erreichen wir den mit Steinmännchen markierten Gipfel mit Gipfelbuch (ohne Kreuz). Vom Gipfel hat man eine sehr gute Sicht in die umliegende Bergwelt so liegt z.B. im Norden der Lago Darengo in einem interessanten Bergkessel, ein weiteres attraktives Kletterziel. Gut zu erkennen auch die mächtige Bergkette, die sich vom Sasso Canale im Norden bis zum Monte Bregagno im Sü-

den zu einem fast vollständigen Rund präsentiert. Wer es sich zutraut: der Alta Via del Lario erschließt genau diese Zweitausender in einer mehrtägigen Tour. Im Tal liegt der Comer See mit einer Schönheit, die in den Bergen selten zu finden ist. Ein echter Lohn für die letzten anstrengenden Schritte.

Tourvarianten | 1 Wer hier oben in offener Vegetation lieber nur eine kleine Runde ‚drehen' möchte, zweigt kurz nach der Schafstränke nach links ab (nach dem Winter ist der Pfad nicht immer klar erkennbar; es geht ‚**querfeldein**' weiter; nach gut 20 min. treffen Sie auf die nach Bodone zurückführende Schotter-/Betonpiste.

Ausklang | Eine gewisse Ursprünglichkeit findet man in einigen Gasthäsern hier oberhalb von Gravedona; eine Empfehlung wert ist die **Trattoria de Falco** in Peglio; Via Pincirolo, 8, 22010 Peglio.

TOUR 14 Rundwanderung Sasso Pelo **

Wer keine große Wandertour, sondern eher einen anspruchsvollen Spaziergang (Wanderschuhe und Trittsicherheit trotzdem erforderlich) **mit tollem Blick auf den Comer See machen möchte, kann sicher an diesem Vorschlag Gefallen finden. Man hat bei dieser Wanderung die Möglichkeit, den Berg Sasso Pelo auf relativ gleichbleibender Höhe zu umrunden und die kleine Kirche Santa Croce, die im Wald versteckt zu sein scheint, bietet ein unbeschreibliches Panorama.**

- **Ausgangsort**: Parkplatz an der Kirche Madonna del Gorghiglio zwischen Peglio und Livo (ca. 630 m)
- **Zielort**: Rundweg über Santa Croce in Naro (ca. 690 m)
- **Einkehrmöglichkeiten**: Restaurants und Bars in Peglio (Trattoria del Falco), Restaurant Pizzeria Sant'Anna in Livo
- **Reine Gehzeit**: 1,5 h
- **Streckenlänge**: 4 km

Anfahrt | Von Gravedona nimmt man die kurvige Straße SP 4 in Richtung Peglio / Livo / Dosso del Liro. Wenige hundert Meter hinter der Ortschaft Peglio sind Sie am Ausgangspunkt der Wanderung angekommen – dem Parkplatz auf der rechten Seite gegenüber der kleinen Kirche Madonna del Gorghiglio.

Charakter | Schotterweg, schmaler Waldweg sowie Teerstraße: kurze Wanderung mit wenig Höhenunterschied, schattigen Abschnitten und toller Aussicht auf den See.

Tourbeschreibung | Parkplatz gegenüber der kleinen Kirche Madonna del Gorghiglio. Das erste kurze Stück legt man entlang der Teerstraße in Richtung Livo zurück. Sie gelangen zu einer kleinen Kapelle auf der rechten Seite, an der ein Feldweg nach rechts zum Sasso Pelo führt. An der bald folgenden-Weggabelung halten Sie sich rechts (es geht dann bergauf) und folgen der Schotterstraße bis zurersten Rechtskurve. Hier geht es nun auf einem kleinen Pfad geradeaus in den Wald. Nach kurzer Zeit überquert man einen Bach (entweder über die Steine oder die Holzvorrichtung) und geht an der nächsten Weggabelung an einem kleinen Steinhäuschen mit rot-weißer Markierung (Livo) geradeaus.

Achtung: hier geht ein schmaler Pfad geradeaus – man muss ich aber rechts halten (bergauf) in Richtung des großen Steins – es gibt rot-weiß-rote Markierungen. Langsam wird nun der See durch die Bäume sichtbar. Nach 5 Minuten kommt man zum steilsten Abschnitt dieser Wanderung – es geht für ein paar Meter über lose Steine und Felsen hinunter, bevor der Weg weiter durch den Wald verläuft und auf eine große Wiese in Naro stößt. Links gibt es einen Tisch mit Bänken. Dem Weg nach rechts in Richtung des Ortes folgend, erreicht man einen Platz mit Brunnen in Naro. Hier folgt man nicht der Hauptstraße nach links, sondern geht leicht rechts zwischen den Häusern hindurch - noch ein Stück am Waldrand und den Häusern entlang - bis man vor der kleinen Kirche Santa Croce steht. Der Weg geht vor der Kirche rechts weiter, aber man sollte auf jeden Fall die tolle Aussicht an der Kirche genießen. Von dort geht es also dann oberhalb weiter durch den Wald. Sie kommen an einem Aussichtspunkt mit Bank vorbei und erreichen schließlich die Teerstraße (hier rechts gehen), die Sie zurück führt.

Tourvarianten | 1 Besichtigung der Kirche **San Eusebio und Vittore** in Peglio. Generell ist die Kirche geschlossen. Geführte Besichtigungen für kleine Gruppen werden von IMAGO in Dongo angeboten. Tel. +39 0344 82572, www.imagolario.com. 2 Von Naro über den **Percorso vita** nach Segna, Gaggio (Domaso) und zurück nach Livo. 3 Von Livo nach Dangri (s. S. 31) zur **Abkühlung** in einem der wunderschönen Wasserbecken. Geführte Besichtigungen der Kirche San Giacomo vecchia ausserhalb Livos können Sie ebenfalls über IMAGO in Dongo buchen.

Ausklang | Eine Empfehlung wert ist die **Trattoria del Falco** in Peglio; Via Pincirolo, 8, 22010 Peglio. Gute Pizza und guten Braten gibt es in der **Trattoria Sant'Anna** in Livo; Via Serravalle, 120, 22010 Livo.

TOUR 15 Zur Kapelle San Martino ***

Eine leichte, kurze und familienfreundliche Wanderung zu einer kleinen Kapelle oberhalb des Ortes Griante. Oben angekommen wird man mit einem fantastischen Ausblick auf den Comer See und Bellagio belohnt.

- **Ausgangsort**: Parkplatz in Griante (247 m), Koordinaten (da nicht leicht zu finden): N45°59’49”E09°13’ 58”
- **Zielort**: Kirche San Martino (ca. 453 m)
- **Einkehrmöglichkeiten**: keine
- **Reine Gehzeit**: 1,25 h
- **Streckenlänge**: 2 km

Anfahrt | Von Menaggio kommend folgt man kurz vor dem Ortsschild Griante dem Hinweisschild San Martino nach rechts und bleibt auf dieser Straße. An der zweiten Abzweigung biegt man am Spiel- und Sportplatz nach rechts zum Parkplatz ab (Schild vorhanden). Nach weiteren ca. 100 m erreicht man den Parkplatz.

Charakter | Kopfsteinpflaster und Trampelpfad, Stufen; kurze und gut beschilderte Wanderung mit Ausblick.

Tourbeschreibung | Von der Einfahrt des Parkplatzes sieht man weiter oben an der Steinmauer ein gelbes Schild mit der Aufschrift S. Martino. Diesem (und auch dem zweiten Schild, das man sieht, wenn man vom Parkplatz aus die Treppe benutzt) folgt man in die kleine Gasse Via San Martino. Man erreicht

bald eine größere Straße (mit vier Parkplätzen zur Rechten) und biegt nach links ab (Linkskurve). Nach ca. 200 m führen ein paar Stufen von der Straße nach rechts hinunter und ein Hinweisschild chiesa di s. martino zeigt Ihnen den Weg. Folgen Sie diesem über eine kleine Brücke. Nach nur wenigen Schritten erreicht man das Hinweisschild Al santuario di San Martino. Der Weg steigt nun langsam an und geht in Stufen mit Kopfsteinpflaster weiter. Am nächsten Bildstock geht der Weg deutlich rechts weiter und Sie kommen am Haus mit der Aufschrift La mason del cech vorbei. T-Kreuzung (ein Waldweg führt rechts hinunter). Wir folgen weiter dem kopfsteingepflasterten Weg nach oben und erreichen eine Kapelle im Andenken an Kriegsgefallene. Nur wenige Minuten, und Sie können den beeindruckenden Blick auf den See am Aussichtspunkt mit Steinbank genießen. Abzweigung zu Monti Nava. Man sieht deutlich, dass man zur Kirche dem Weg nach rechts folgen muss. Aussichtspunkt mit Bank Kirche San Martino mit herrlicher Aussicht auf den Comer See und Bellagio.

Tourvarianten | 1 An der Abzweigung (35 min) kann man nach links z. B. nach Pilone, zum Sasso Martino und zu den Monti di Nava weiterwandern. Der Weg wird dann allerdings schwieriger zu laufen. Wer bequemer zu den Monti di Nava wandern möchte, orientiert sich besser an der Tour xy.

Belohnung | Nichts spricht gegen einen Besuch auf der sonnigen Terrasse des **Ristorante La Cucina della Marianna** direkt am Comer See; das Essen und die Atmosphäre sind mehr als gut; Via Regina 57, 22011 Cadenabbia di Griante, +39 0344 43111.

TOUR 16 Zum Monte Grona (1 736 m) ***

Schöne, abwechslungsreiche und familienfreundliche Tour auf einen Gipfel mit Rundum-Aussicht. Zudem verlässliche Einkehrmöglichkeit ins bekannte Rifugio Menaggio. Beim Gasthaus befindet sich eine riesige Picknickwiese, von der man eine grandiose Sicht auf den Comer See genießt. Vom Gipfel (mit kleiner Kletterei) **aus kann man bis zum Luganer See hinübersehen.**

- **Ausgangsort**: Parkplatz oberhalb Breglia (ob. Menaggio)
- **Zielort**: Gipfel Monte Grona (1 730 m)
- **Einkehrmöglichkeiten**: Rifugio Menaggio (Öffnungszeiten in der Nebensaison beachten)
- **Reine Gehzeit**: 3,5 h
- **Streckenlänge**: 4 km

Anfahrt | In Menaggio auf die Verbindungsstraße SS340 zwischen Menaggio und Porlezza wechseln. Schon nach wenigen Kehren (Tornanti) folgen Sie der Abzweigung nach Loveno. Die Orte Logo, Ligomena und Plesio lassen Sie hinter sich, Zielort ist Breglia (748 m).

Charakter | Gut markierte, teilweise vom Wasser ausgewaschene Wanderpfade. Nach 1 h sehr schöner fast steigungsloser Saumpfad. Die Strecke oberhalb des Rifugio ist z.T. sehr steil und es gibt einige, aber wenig gefährliche Kletterstellen. Der letzte Aufstieg zum Gipfel ist mit einem Seil gesichert. Der Gipfel ist auf insgesamt drei Wegen zu erreichen: auf dem di-

rekten Weg (1 h), auf dem normalen Weg (1,1 h) und dem Klettersteig (nur für Geübte!). Der Berg macht richtig Spaß, passt hier doch alles optimal zusammen: die Hütte, die Landschaft, die Wegbeschaffenheit und der grandiose Ausblick.

Tourbeschreibung | Die äußerst attraktive Bergwanderung beginnt man sinnvollerweise oberhalb von Breglia an einem Parkplatz. Die Anfahrt dorthin ist im Gegensatz zu anderen Bergen eher angenehm, mehr als 10 min. sollte sie nicht dauern. Wer viel Power hat, parkt natürlich in Breglia selbst bei der Kirche, ca. 30 m vom Platz beginnt der Wanderweg. Er führt allerdings anfangs immer wieder ein bisschen an der Straße entlang, sodass viele den oberen Startpunkt wählen. Vom (Berg)Parkplatz aus geht es dann in ca. 1h durch zunächst niedrigen Wald später auf offener Strecke zum Rifugio Menaggio auf ca. 1 200 m Höhe. Die Strecke ist durchgehend ausgeschildert und eigentlich nicht zu verfehlen. Am Rifugio angekommen, erfrischt man sich mit Wasser aus dem Brunnen oder in der Berghütte. Neben Getränken gibt es auch kleinere einfache Speisen: Polenta mit Fleisch, Käse oder Würstchen und Spaghetti mit verschiedenen Soßen. Viel grüne Fläche in der Sonne und im Schatten laden zum Verweilen ein, die Sicht ist grandios.

Der weitere Weg auf den Monte Grona führt rechts an der Hütte vorbei. Nach wenigen Schritten geht es ab zum nahe gelegenen Klettersteig (Ferrata), der aber nur für geübte Kletterer empfohlen wird. Folgen Sie lieber der Hauptstrecke, die sich nach einigen Metern erneut teilt Sie haben nun die Wahl zwischen der sog. ‚Diretissima' und der ‚Via normale'. Letztere ist 10 min länger. Beide Strecken liegen wunderschön im Gelände, am besten man begeht beide, eine für den Aufstieg, eine für den Abstieg. Der Via normale führt dabei über viele

enge und teils extrem ausgewaschene Pfade inmitten faszinierender Natur bis zum Sattel zwischen Monte Grona und Monte Santa Amata, einem kleineren Nachbarberg, in dessen Verlauf der Monte Bregagno schon zu sehen ist. Folgen Sie dem Weg zum Monte Grona links, auf dem Schild werden 30 min. ausgewiesen, und entdecken Sie die schönsten Seiten der Comenser Bergwelten. Bald erreicht man über schmale, teils auch felsige Strecken den Gipfel mit einer Traumaussicht in alle Himmelsrichtungen. Für die letzten 10 Meter ist zur Sicherheit noch ein Seil gespannt, braucht man aber eigentlich nicht. Im Westen der Luganer See, dahinter die Bergkette des Monte Rosa, dem höchsten Berg der Schweiz, gegenüber der Monte Legnone, mit 2 609 m, der höchste Berg am Lago di Como. Im Süden die hohen Vertreter der Grigne-Gruppe von Lecco, unterhalb der Ort Menaggio. Für 2 h Anstrengung erhält man an diesem Berg eine ganze Menge hochalpiner Eindrücke. Zurück am Rifugio genießt man am besten die Abendstimmung bei einer Tasse Cappuccino. Die Hütte hat in den Monaten Juli, August und September durchgehend geöffnet, man bekommt auch Zimmer zum Übernachten. In den restlichen Zeiten nur am Wochenende geöffnet. Informieren Sie sich in der Nebensaison unbedingt im Internet (Telefon, eMail) über die aktuellen Öffnungszeiten, damit Ihnen böse Überraschungen erspart bleiben. Ausklang | In Menaggio gibt es direkt an der Piazza Garibaldi (auch Tourist-Office) eine tolle Gelateria mit einem guten Eis und einige Cafes.

Tourvarianten | 1 Kurz nach dem oberen Parkplatz führt bei der Abzweigung **ein weiterer Weg** unterhalb zum Rifugio (ausgeschildert). Der Weg ist zunächst etwas flacher und breiter, verjüngt sich aber später ebenfalls. Man erreicht das Rifugio im Gegensatz zur anderen Strecke von unten. 2 Während des

Aufstiegs zum Monte Grona gibt es eine gut beschilderte Abzweigung zum **Monte Bregagno**, mit 2 143 m ein stattlicher Berg der Region. Man steigt zunächst diagonal zum Berg an, überquert dann, schon auf dem Bergkamm laufend, den **kleinen Bruder des Bregagno** und erreicht nach weiteren 1,5 h auf weichem Wiesenuntergrund den grünen Gipfel. Von hier führt auch ein Abstieg zur Via Monti Lariani (VML), an der Kreuzung liegt die Kirche San Bernardo, die zum Bergdorf Labbio gehört. Dort befindet sich das Agriturismo Labbio, in dem man übernachten kann (www.agriturismolabbio.it). Allen anderen bleibt nur der beschwerliche Abstieg über unzählige Serpentinen nach Musso bzw. der Weitermarsch auf dem VML nach Dongo.

Belohnung | Auf der Rückfahrt gibt es ein empfehlenswertes Lokal mit Sicht auf den Comer See; das **Hotel Ristorante La Sorgente** serviert Pizza und andere Spesien auf der Terrasse; Via Alla Grona 68 | Frazione Ligomena, 22010 Plesio, +39 0344 37499.

TOUR 17 Zum Sasso San Martino ***

Ein abwechslungsreicher Rundweg mit Waldstücken, fantastischen Ausblicken auf den See und Bellagio und kleinen Siedlungen in den Bergen.

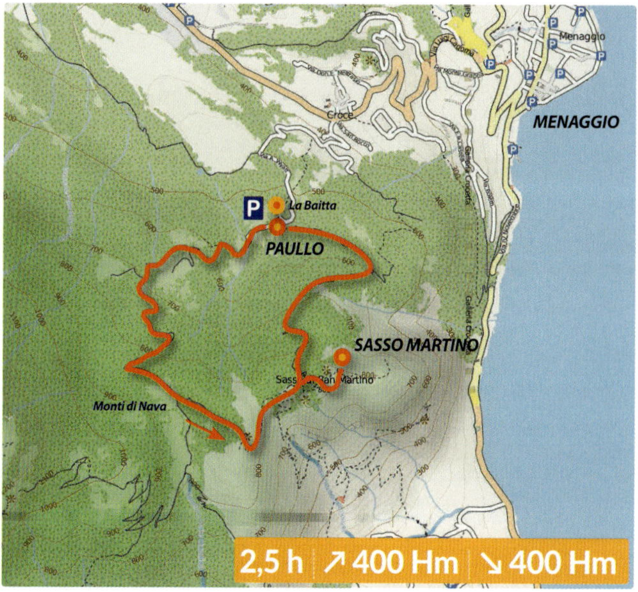

- **Ausgangsort**: Kirche San Paullo (ca. 420 m, ob. Menaggio) Koordinaten: N46° 00' 49.6" E009° 13' 14.9"
- **Zielort**: Sasso San Martino (ca. 818 m)
- **Einkehrmöglichkeiten**: Restaurant La Baita hinter der Kirche San Paullo
- **Reine Gehzeit**: 2,5 h
- **Streckenlänge**: ca. 3 km

Anfahrt | Bei Menaggio biegt man ab nach Porlezza und erreicht nach 2,5 km Croce. Dort folgt man hinter der Ampel dem Hinweisschild nach links in Richtung Golf Club. Die Straße wird bald einspurig. Am Golf Club vorbei, weiter bis zu der kleinen Kirche San Paullo. Es gibt keinen offiziellen Parkplatz, aber gelegentlich Einbuchtungen an der Straße. Mit der Buslinie C12 kann man von Menaggio nach Croce fahren. Der Wanderweg VML 2 beginnt ebenfalls hinter der Ampel links in Richtung Golf Club.

Charakter | Asphalt, Waldweg, Trampelpfad, Abschnitt mit Steinen und Geröll. Eine relativ gut beschilderte Tour, die zum Teil über den Wanderweg Via dei monti lariani 2 (VML) verläuft. Es gibt unterwegs kein Wasser!

Tourbeschreibung | Am Tor (zwei gemauerte Pfosten, Hausnummer 55), das sich wenige Meter in der Kurve vor der Kirche und auf der gegenüberliegenden Straßenseite befindet: dem Schotterweg folgt man durch das Tor dann um die Linkskurve. Der Weg steigt an. An der Abzweigung (Schild am Baum Trail Lario und Wasserhäuschen) rechts bergauf gehen. Auf dem Hauptweg um die Linkskurve (nicht geradeaus auf dem schmalen Weg!, dem Schotterweg um Linkskurve bergauf), Wegverlauf im Wald nicht gut sichtbar (rechts halten). Gelber Punkt am Baum. Man gelangt bald auf eine Lichtung mit Hinweischild Nava Griante. Noch ein paar Schritte weiter, dann Abstecher: nach Links abbiegen bergauf zum Sasso San Martino. Der Hauptweg geht geradeaus bergab weiter **zur Siedlung Pilone**. **Sasso San Martino**. Von dort auf demselben Weg nach unten, dann aber nach Links abbiegen. Man durchquert die Häuser von Pilone und steigt auf der anderen Seite über einen Abschnitt mit Geröll hinauf nach **Monti di Nava**. Links und rechts zweigen kleine Wege zu Aussichtsplätzen ab. Wir gehen geradeaus weiter und befinden uns nun schon auf dem Abstieg. T-Kreuzung an kleiner Kapelle. Hier stößt man auf die Via dei monti lariani und biegt nach rechts ab. Schranke. Wieder am Ausgangspunkt.

Belohnung | Im **Restaurant La Baita** hinter der Kirche San Paullo kann man sich bei einfacher Kost und kühlem Bier ein bisschen von den ‚Strapazen' erholen; Via Wyatt 60 loc. Paullo, Menaggio, +39 0344 32195.

TOUR 18 Der Monte Bregagno ***

Die schöne und abwechslungsreiche Tour führt Sie auf eines der mächtigsten Bergmassive am Comer See. Fast die gesamte Strecke führt über saftiges Grün, Tausende von Grashüpfern springen umher. An einigen Stellen muss man improvisieren, Probleme gibt es aber nicht. Etwas erschwerlich ist die langatmige Auffahrt auf einer abenteuerlichen, aber gut befestigten Schotterpiste zum Ausgangspunkt.

- **Ausgangsort**: Parkplatz beim Bergdorf Labbio (1 000 m)
- **Zielort**: Gipfel des Monte Bregagno (2 107 m)
- **Einkehrmöglichkeiten**: keine
- **Reine Gehzeit**: 5 h
- **Streckenlänge**: 8 km

Anfahrt | Die Fahrt zum Parkplatz beim Bergdorf Labbio ist nicht jedermanns Sache, was am Comer See zunächst mal nichts Ungewöhnliches darstellt. Es wird hier nur erwähnt, da die Straße noch einmal eine Spur anspruchsvoller ist. Die Piste ist eng serpentiert, nicht immer geteert, es gibt Schlaglöcher und die Strecke ist im Grunde fast ausschließlich im ersten Gang zu schaffen. Gefährlich ist es allerdings nicht, da auch die Gäste des Agriturismo täglich auf- und abfahren. In **Musso** fahren Sie von Dongo kommend nach der Kirche links und folgen der Beschilderung nach Croda bzw. zum Agriturismo Labbio.

Nach ca. 2 km endet die ‚normale' Straße und es beginnt eine Mischung aus Straße und Forstweg, die nach ca. 1,5 km ans Ziel führt. Der Parkplatz ist als solcher allerdings nicht gekennzeichnet, meist stehen aber schon einige Fahrzeuge herum, die Straße endet hier. bzw. führt links ins Dorf hinein. Wer die Strecke nach Labbio nicht machen will, für den bietet sich die Anfahrt über Dongo und im weiteren Verlauf über die Bergdörfer Canasco und schließlich Piazze bzw. Motarello an. Geparkt wird, wo Platz ist. Genau hier führt der VML vorbei und in ca. einer knappen Stunde sind Sie bei der Kirche San Bernardo, wo der Anstieg zum Bregagno startet. Für geübte und ausdauernde Bergsportler dürfte der Umweg kein Problem sein, spart man sich so die etwas belastende Auffahrt nach Labbio.

Charakter | Die ungefährliche Tour erfordert etwas **Kondition.** Viele steile Anstiege auf weichem Wiesenuntergrund zehren etwas an Kraft und Motivation. Dazu kommt, dass man zwei Drittel der Strecke über den eigentlichen Gipfel gar nicht sieht, sondern nur seinen vorgelagerten kleinen Bruder. Viele trifft der Schlag, wenn nach einer Kuppe der eigentliche Gipfel erst zum Vorschein kommt. Von dort ist es dann noch einmal eine gute Stunde. Der Monte Bregagno ist ein stattlicher Berg in dieser Region. Der Weg führt über schöne Wiesenalmen; Pferde und Wildhühner kreuzen immer wieder den Weg. **Die Strecke verläuft ausschließlich auf einem wunderschönen Bergkamm,** der die Peripherieberge mit dem Gipfel verbindet. **Beeindruckende Landschaft und starke Naturerlebnisse** begleiten die Tour. Am Beginn der Tour (kurz nach der Kirche) gibt es einige Wasserstellen.

Tourbeschreibung | Vom Parkplatz bei Labbio führt der Wanderweg in einem dichten Wald vor dem Dorf rechts nach

oben. Der Einstieg kann eigentlich nicht verfehlt werden. Nach wenigen Minuten gelangt man auf die ‚Via dei Monti Lariani' (VML), ein Fernwanderhöhenweg, dem Sie ein kurzes Stück bis zur Kirche San Bernardo folgen. Nach ca. 20 min. treffen Sie in einer Senke auf die Kirche und genießen den schönen Ausblick auf Musso und den am anderen Ufer thronenden Monte Legnone. Schnell wird einem klar, dass es hinter der Kirche links zum Monte Bregagno hinaufgeht. Ein Picknicktisch, eine leere Wandertafel und ein Trinkwasserbrunnen sind zunächst die letzten Zeichen der Zivilisation. Hinter dem ersten steilen Hügel tauchen ein kleiner Bergsee (!) und ein Stall mit Pferden auf; dass auch Ziegen hier oben leben, erkennt man schnell an ihren Hinterlassenschaften. Folgen Sie einfach dem noch breiten Hauptkamm rechts am Stall vorbei, bis die ersten felsigen Wegstrecken auftauchen. Nicht immer ist der Trampelpfad zu erkennen (nach dem Winter), doch verlaufen kann man sich nicht. Nach einer guten Stunde, vorbei an einem Eschenwäldchen, gelangt man auf eine schöne Anhöhe, die viele Wanderer zu einer Pause nutzen. Folgen Sie dem Weg weiter und nach ca. 10 min. wird der Blick auf die dahinterliegende Bergwelt und den Gipfel des Monte Bregagno frei. Schon gut lässt sich von hier der weitere Streckenverlauf erkennen, führt der Weg weiter auf dem Grat bis zum Gipfel. Besondere Schwierigkeiten gibt es eigentlich nicht mehr, natürlich ist auf Trittsicherheit zu achten. Vom Gipfel aus hat man dann den verdienten Rundumblick über die Bergwelt dieser Region, ein unbeschreibliches Erlebnis.

TIPP | Das **Veranda Beach Cafe** - am anderen Ende der Bucht in Pianello - ist sehr empfehlenswert. Man sitzt schön auf der Terrasse, die Preise sind relativ niedrig. Via Calozzo, 22010 Pianello del Lario, +39 366 447 7736.

Tourvarianten | 1 Wer vor der eigentlichen Wanderung Kraft und Zeit hat, erklimmt bei der Kirche San Bernardo den Berg in Richtung See, vorbei an einer Wetterstation geht es auf den ca. 1 141 m hohen Sasso di Tegano, von dem man einen erstklassigen Blick auf den Alto Lario hat. Wer will geht noch weiter nach Osten, kann man von der Klippe auf 948 m dann auch den Ort Dongo gut betrachten, eine kleine Kapelle fordert zusätzlich zur inneren Einkehr auf. 2 Vom Gipfel des Monte Bregagno führt ein ca. 1,5 - 2 stündiger Übergang zum Monte Grona, dem Hausberg von Menaggio. Auch dieser Berg eröffnet einen sagenhaften Blick, die Strecke verläuft ausschließlich auf dem Grat. Zwischenstationen sind der Monte Bregagnino (1 902 m) und der Monte S. Amata (1 617 m). Wer genug hat, zweigt kurz vor dem Aufstieg zum Monte Grona zum Rifugio Menaggio ab, einige einfache Speisen warten auf die Wanderer. Auch übernachten kann man hier sehr preisgünstig. 3 Am Monte Bregagno führt die '**Alta Via del Lario**' (AVL) vorbei, ein hoch anspruchsvoller Gipfel-Fernwanderweg quer durch die Region. Wer die Kraft und die Ausrüstung hat, folgt diesem Weg nordwestlich über die Gipfel des Monte Marnotto (2 088 m) und des Mottone Tabor (2 080 m) bis zum Pizzo di Gino, mit 2 245 m, der höchste Vertreter des AVL im näheren Umkreis. Im Süden befindet sich das schöne Val Carvagna, das sich von Menaggio bis in Richtung Luganer See erstreckt.

TOUR 19 Durchs Val Codera ***

Grandiose, anfangs anstrengende Tour ins Hochgebirge. Zumindest macht der Einstieg in die Tour genau diesen Eindruck. Im Verlauf sehr interessante Tour mit viel Abwechslung und ohne weitere größere Steigung. Am Ende ein Dorf der besonderen Art. Bau und Betrieb des Dorfes nur mit Hilfe von Seilbahnen möglich!

- **Ausgangsort**: Parkplatz in Novate Mezzola
- **Zielort**: Codera im gleichnamigen Tal
- **Einkehrmöglichkeiten**: mehrere Lokalitäten in Codera (Öffnungszeiten beachten; nach der Tour ein kühles Bier im Margutte & Morgante am See; Via Nazionale, +39 339 272 1123
- **Reine Gehzeit**: 4 h
- **Streckenlänge**: 6 km

Anfahrt | Biegen Sie zwischen Sorico und Colico auf die SS 36 in Richtung Chiavenna/Passo Spluga. Nach ca. 6 km erreichen Sie Novate Mezzola. Biegen Sie in Richtung Chiavenna fahrend vor dem Supermarkt rechts ab, nach 1 km erreichen Sie einen Parkplatz direkt neben einem Gebirgsbach (Via del Castello).

Charakter | Der anfänglich schwere Aufstieg dauert ca. 1 h. Der Weg verläuft dabei meist auf Steinplatten, die wie weitläufige Treppen in der Landschaft liegen. Einige schwierige Stellen sind mit Stahlseilen bzw. Stahlseilbegrenzungen gesichert. In Folge verläuft der Weg bis zum Bergdorf Codera auf einem teilweise schmalen Wanderpfad mit geringen Steigungen. Die Wande-

rung eröffnet Einblicke in (gefühlt) hochalpine Landschaften. Die wild zerklüftete Landschaft der Nachbarberge und der tief in den Fels gegrabene Flussverlauf bilden ein gelungenes Landschaftsbild. Die abwechslungsreiche Tour hält immer wieder Überraschungen bereit, so finden sich im Streckenverlauf z.B. Radlader in luftiger Höhe, viele schön gestaltete Kapellen und (fast) natürliche Duschen. Eine tolle Wanderung gerade auch für Familien mit Kindern.

Tourbeschreibung | Das Val Codera gehört zu den attraktivsten Wanderungen am Comer See. Die Landschaft bietet schon zu Beginn der Wanderung Naturschauspiele höchster Kategorie. Vom Parkplatz aus steigen die Berge massiv an, erste Ausblicke auf hochalpine Gebirgslandschaft eröffnen sich. Am Parkplatz des Supermarktes an der Durchgangsstraße biegen Sie nach Osten ab. Nach etwa 1 000 m erreichen Sie den Parkplatz. Jenseits der Mauer, die den Parkplatz umschließt, bildet der Gebirgsbach an dieser Stelle einzelne Badegumpen, die für Erfrischung nach der Wanderung sorgen sollten. Der Zugang zum Fluss ist allerdings nicht ganz einfach, bei hohem Wasserstand gefährlich. Der Aufstieg beginnt an einer Treppe mit unzähligen Hinweisschildern v.a. mit Öffnungsparolen der Gastlokale in Codera. Grundsätzlich haben die Wirtschaften aber nur am Wochenende und Feiertagen (!) geöffnet. Der sehr anstrengende 1. Teil der Tour beginnt mit einem ca. 1 h dauernden, schweißtreibenden Aufstieg auf schön angelegten Naturtreppen. Es geht durch Wald genauso wie durch offene Passagen, die ganz selten mit Stahlseilen gesichert sind. Der Weg ist an gefährlichen Stellen mit einem Zaun versehen. Abzweigungen gibt es eigentlich keine, sodass der Streckenverlauf den ganzen Weg hindurch klar bleibt. Am höchsten Punkt in Avedee, einem verlassenen Weiler und zugleich Zwischenstation der Ver-

sorgungsseilbahn, geht es nun gemächlicher weiter. Der Weg führt auf schmalen Trampelpfaden in ca. 1 h nach Codera, dem Ort, der dem Tal seinen Namen gegeben hat. Einige Passagen sind als Galerien zum Schutz vor Steinschlag angelegt. In einer der Galerien sorgt eine natürliche Wasserdusche (nur wenn es nicht zu trocken ist) für eine willkommene Abwechslung. Das Wasser ist sogar angenehm temperiert, da es oberhalb der Galerie über dunkle glatte Felswände verläuft, die von der Sonne stark erwärmt sind. Nach insgesamt 2 bis 2,5 h erreichen Sie Codera. Neben der Kirche in einer Art Innenhof lässt es sich wunderbar pausieren. Direkt daneben befindet sich ein Lokal mit Speisen und Getränken. Weiter oben im Dorf gibt es noch eine weitere Schänke. Codera ist ein schönes historisches Bergdorf, das ganzjährig bewohnt ist. Die Einwohner versorgen sich und ihre Gäste ausschließlich über eine Materialseilbahn, die bis zum Dorf hinter führt.

Tourvarianten | **1** Das Val Codera ist unerschöpflich. Noch viele Kilometer reicht das Tal ostwärts bis an den Fuß des Pizzo Ligoncio mit stattlichen 3 032 m. Die sehr schöne Strecke führt dabei an kleineren mehr oder weniger bewohnten Bergdörfern immer am Fluss Codera entlang. **2** Geradezu sagenumwoben wie nicht für jedermann empfehlenswert ist der Abstecher zum sog. **Tracciolino**, die wirklich abenteuerliche Strecke entlang einer alten Werkseisenbahn. Dazu folgt man den Hinweisschildern (Tracciolino, San Girogio) am nördlichen Dorfende Coderas. Da der Weg allerdings zeitweise verschüttet war, ist die Begehung auf eigene Gefahr, ebenso wie der Tracciolino selbst. Besser ist der Zugang über das Dorf Piazzo vom Ort Verceia am Lago di Mezzola, wenige Kilometer südlich von Novate. Die Strecke ist bei Mountainbikern sehr beliebt.

TOUR 20 Zur Pilgerkirche San Benedetto **

Schöne, schattige Tour mit Kirchen und Natur. Die Strecke führt vom Sacro Monte Ossuccio über Wanderpfade durch dichten Wald zur Pilgerkapelle San Benedetto. Zurück geht es auf befestigten Wegen direkt nach Lenno, wo einige schöne Cafés zum Ausklang der Wanderung warten. Sehr abwechslungsreich!

- **Ausgangsort**: Parkplatz am südlichen Ortsende von Ossuccio
- **Zielort**: Ortsmitte Lenno (Lido)
- **Einkehrmöglichkeiten**: keine
- **Reine Gehzeit**: 4 h
- **Streckenlänge**: 6 km

Anfahrt | Benutzen Sie den Parkplatz am südlichen Ortsende. Der Weg beginnt einige Meter nördlich hinter einem Gasthaus. In Lenno fährt der Bus zurück nach Ossuccio; Tickets gibt es im Bus und beim Kiosk an der Hauptstraße.

Charakter | Zunächst geht es über Stufen und teilweise Kopfsteinpflaster hinauf zum Sacro Monte. Nach kurzer Zeit auf Asphalt geht der Weg in einen Wanderpfad über. Nach der Kapelle führt ein teilweiser asphaltierter Weg zurück bis Lenno. Naturnahe Wanderung, die sportlich und gemütlich gelaufen

werden kann. Anfangs und am Ende gibt es zahlreiche Blicke auf die Orte und den See. Die Tour kann zu einer Runde ergänzt werden.

Tourbeschreibung | Am besten parkt man auf dem Parkplatz am südlichen Ortsrand von Ossuccio, er liegt direkt in der letzten Kurve, bevor es nach Sala Comacina geht. Ein paar Schritte in Richtung Ortsmitte führt ein Treppenweg in die oberen Ortsteile. Halten Sie sich stets geradeaus. Nach kurzer Zeit zweigt der ‚Greenway del Lago' nach rechts ab; steil bergauf führt der Weg weiter direkt zum Einstieg der Sacri Monte, einem Pilgerweg mit 15 Kapellen und der Chiesa Madonna del Soccorso als prächtigem Endpunkt des qualvollen Aufstiegs. Wer die Muße hat, klappert die ein oder andere Kapelle ab und betrachtet die darin aufgebaute biblische Szene aus der Zeit des Evangeliums. Die Strecke verläuft auf Kopfsteinpflaster entlang einiger Windungen hinauf bis zur Wallfahrtskirche, die weit vorher deutlich von unten gut auszumachen ist.

Eine kleine Rast tut hier gut, ist der weitere Aufstieg bis zum Bergdorf Preda doch sehr kräftezehrend. Nach Preda wird es vorübergehend etwas flacher und der Weg verschwindet für die nächsten Stunden im Wald. Unerbittlich geht es bergauf, ein mittleres Tempo ist anzuraten. Unterwegs überquert man einige Bächlein, die wunderbar erfrischen können. Achten Sie auf Trittsicherheit, teilweise ist es etwas geröllig. Die Strecke folgt einer sich wiederholenden Charakteristik, nach einer Furt geht es auf engen Pfaden wieder um einen Abhang herum, um erneut auf eine Furt zu treffen. Erst hinten am Ende des Tals verläuft der Weg quer entlang dem Hang bis zur Kirche, die schön in einer Waldlichtung liegt. Zuvor zweigt ein Bergpfad in Richtung des Rifugio Boffalora ab. Die Wiesen rund um die Kir-

che sind für eine ausgiebige Rast bestens geeignet, die Kirche selbst leider verschlossen. Der Rückweg erfolgt auf breiten, meist befestigten Wegen hinunter nach Lenno. Unterwegs gibt es wenige markante Wegpunkte, man folgt immer der ‚Straße', die von kleinen landwirtschaftlichen Fahrzeugen und von Quads befahren werden kann. Im unteren Abschnitt tauchen einige kleinere Waldhäuser auf, zum Ende hin öffnet sich der Blick auf den Comer See, den Orten Ossuccio und Lenno. Besonders schön ist der Blick auf die Madonna del Soccorso, dem Ausgangspunkt dieser anstrengenden Rundwanderung.

Erholung | In Lenno angekommen, begeben Sie sich direkt hinunter zum Seeufer (centro); dort essen Sie das legendäre Eis in der ‚**Fabrica del Gelato**' und nehmen anschließend einen Cafe oder einen kleinen Snack in der **Bar Golfo** oder **Sport.**
TIPP | Lenno bietet so viel mehr: besuchen Sie die **Villa Balbianello** und die **Isola Comacina** in unmittelbarer Nähe.

Etappenwanderungen in der Comer See-Region

Das Gebiet des Comer See in Form von mehrtägigen Wanderungen zu erschließen, ist eine wunderbare Idee. In jeder Himmelsrichtung verlaufen die Strecken in unverwechselbarer Umgebung und zeigen den See von seiner schönsten Seite. Viele Comer See-Freunde finden erst nach Jahren zum Bergsport, die Comer See-Region ist für Entdeckungen wie geschaffen.

01 | **Alta Via del Lario** (AVL)

Nur für die Stärksten, stellt dieser Weg doch hohe Ansprüche an Ausdauer und mentaler Stärke.

02 | **Via dei Monti Lariani** (VML)

Eine insgesamt etwa **125 Kilometer lange ambitionierte Wanderstrecke** auf alten Bergpfaden in etwa 800 bis 1 200 Höhenmetern oberhalb des Comer See ist die Via dei Monti Lariani.

03 | **Sentiero delle 4 Valli** - Vier-Täler-Weg

Ein **50 km langer Wanderweg** von Breglia (oberhalb Menaggio) in westlicher Richtung durch vier wunderschöne Gebirgstäler bis nach Dasio, in der Nähe des Luganer See. Die gesamte Strecke ist in drei Etappen eingeteilt und führt durch die Täler Val Sanagra, Val Cavargna, Val Rezzo und Valsolda. Das besondere daran: an jedem Endpunkt eines Tages befindet sich ein Gasthaus mit Übernachtungsmöglichkeit.

04 | **La Dorsale del Triangolo Lariano**

Eine interessante **Zwei-Tages-Wanderung** führt von Brunate nach Bellagio. Mitten durch das Triangolo Lariano, wie das Dreieck Como-Lecco-Bellagio genannt wird, führt der Weg entlang einem sich bis Bellagio durchziehenden Berggrat auf einer durchschnittlichen Höhe von 1 200 m Unterwegs gibt es zahlreiche Übernachtungsmöglichkeiten.

05 | **Der Greenway del Lago**

Kurzer ca. 10 km langer Etappenweg von Colonno nach Cadenabbia. Die Tour ist in fünf Strecken eingeteilt, die jeweils ca. 40 min, benötigen. Im Grunde ist die Strecke an einem Tag zu schaffen. Die Strecke verläuft teils oberhalb, teil unten am See. Der Greenway ist gut ausgeschildert und in 3 h zu schaffen.

Die schönsten Spaziergänge am Comer See

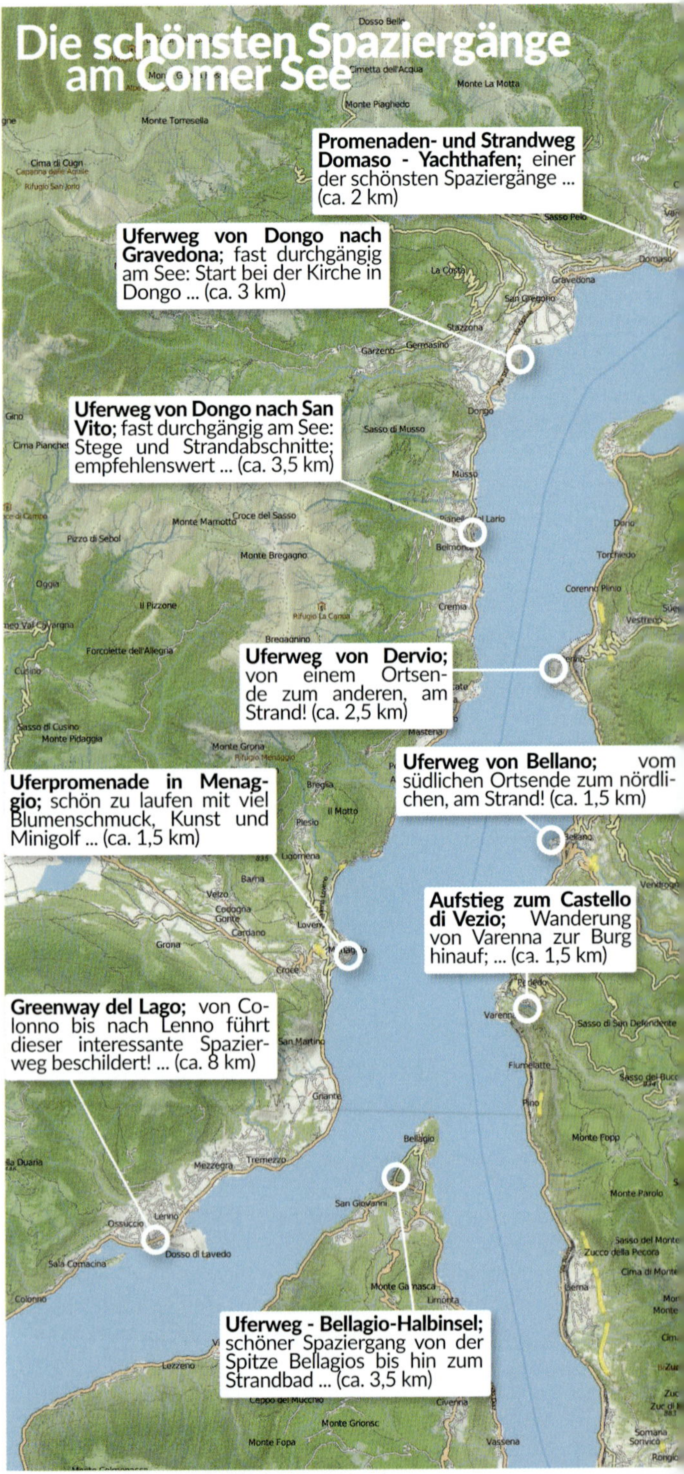

Gera Lario - Sorico; Strandabschnitte, Hafen, Grünflächen, ideal für Kinder ... (2,5 km)
Promenaden- und Strandweg Pian di Spagna - Colico - Laghetto di Piona; attraktiv und abwechslungsreich ... (6 km)
Motto dei Dossi
Fordeccia
Montalto
Montemezzo
Trezzone
Monte Erbea
Monte Brusada
Pizzo Piana
Monte Bassetta
Monte Foffricio
Cercino
Pianezzo
Dubino
Mantello
Piussogno
Sant' Agata
Montecchio Nord
Montecchio Sud
Villatico
Laghetto
Piagno
Mottal dei Lanci
Monte Colombano
Monte Legnone
Monte Legnoncino
Zappello d'Agrogno
Pizzo Val Torta
Pizzo Olano
Cima della Rosetta
Monte Combana
Matoch dul Petuun
Cima di Moncale
Pizzo di Valtorta
Pizzo Stavello di Luserna
Monte Pim Pum
Monte Rosetta
Cima del Cortese
Pizzo Alto
Monte Stavello di Pedesina
Sasso del Rigo
Cima di Comice
Monte Rotondo
Cime di Sasso Alto
Sasso Alto
Il Foppone
Monte Colombana
Pagnona
Premana
Cima Fraina
Monte Croce di Muggio
Il Piazzo
Pizzo Cavallo
Cima Cassera
Somadino
Casargo
Pizzo Mellasc
Codesino
Pizzo d'Alben
Indovero
Margno
Pizzo del Dente
Cima del Laghetto
Sasso Dirotto
Crandola Valsassina
Cimone di Margno
Pizzo Cornagiera
Cantone Grande
Cima d'Olino
Cima delle Miniere
Zuc di Valbona
Bindo
Cortenova
Cima d'Agrella
Zucco di Cam
Pizzo S.Giov
Pizzo di Zirlaca
Zucco della Colla
Pizzo del Cich
Monte Foppabona
Cima del Corvo
La Forcella
Zucco del Corvo
Primaluna
Zucco di Cornisella
Dosso della Chierica
Sas Carlen
Cima delle Forcelle
Zucco degli Eghen
Pizzo di Strecc
Pizzo Valansasca
Corneasso
Cima Palone
Zucco di Meriggio
Introbio
Monte Chiavello
Belvedere
Cima del Palone
Cima Zurbo
Corno Grande
Cima di Piancaformia
Pizzo della Pieve
Le Colonne
Baiedo
Corna di Bobbio
Zucco Barbisino
Zucco Orscellera
Zucco di Pesciola
Pasturo
Sasso Cavallo
Barzio
Zuc di Sella
Zucco dei Ghignoli
Zucco Pissavacca
Brunino
Cremeno
Cassina Valsassina
Il Zuccone
Parascioeulin
Costa Riale
Maggio

Der schönste Weg den Comer See kennenzulernen ...

Folgende zwei Wandertouren sind legendär: die eine am Ostufer, die andere am Westufer. Auf alten Saumpfaden, die in alten Zeiten die Dörfer untereinander verbanden, erwandern Sie fast den ganzen See. Jeweils in 6 bis 8 Etappen von Süd nach Nord oder umgekehrt. Vorzüglich dokumentiert führen die einzelnen Abschnitte durch Ortschaften, entlang des Ufers und durch abgelegene Bergdörfer. HINWEIS | Die Bücher sind nur schwer zu bekommen, es gibt sie aber noch vereinzelt im Netz: z.B. unter lesestoff.ch (CHF 24,80) in deutscher Sprache; teilweise vor Ort in den Buchläden oder unter lyasis.it in italienischer Sprache (EUR 12). Viel Spaß beim Wandern ...

06 | Der **Sentiero del Viandante** (Ostseite)

Der Sentiero del Viandante ist ein Pfad an den Berghängen der Ostseite des Sees und bildet das Pendant zu dem Hangweg an der Westseite, der Strada Regina. In früheren Jahrhunderten war der Sentiero del Viandante eine wichtige Nord-Süd-Verbindung für Handeltreibende, Bauern der Umgebung und durchziehende Wanderer. Mühsam wurden auf dem Pfad Waren von Ort zu Ort geschafft und damit Handel getrieben. Man ist in einer wunderschönen und interessanten Natur, in der man an einzelnen Bergbauernhäusern, kleinen Kapellen, Ruinen alter Anwesen, Olivenhainen und Weinhängen vorüberkommt. Der ständige Blick auf den See und die dahinter liegenden Berge fasziniert, besonders im Frühjahr und im Herbst, wenn die Wälder licht sind. Über mühsam in Stein gehauene Treppen und Anstiege arbeitet man sich von den Ortschaften in die Berghänge hinauf. Die Pflanzenwelt ist vielfältig: im Frühjahr ein Mix aus Primeln, unzähligen Krokussen, Veilchen, Buschwindröschen sowie Wacholder, Esskastanienbäumen und Mimosensträuchern. Der Pfad beginnt im Norden bei Piantedo und endet im Süden in Abbadia Lariana. Er verläuft überwiegend auf schmalen

Wegen, teilweise auf wenig befahrenen Straßen. Insgesamt hat er eine Länge von ca. 25 km und überwindet 400 m Höhenunterschied. Eine durchgehend gute Beschilderung ermöglicht, den Weg weitgehend ohne Karte zu wandern. Da entlang des Ostufers Zuganbindung besteht, muss man sich keine Gedanken machen, wie man wieder an den Ausgangsort kommt. Die Züge fahren etwa stündlich und bringen den Wanderer im Nu wieder zurück. Abgesehen von den zahlreichen Tunnel hat man einen herrlichen Blick auf den See und kann den Ausflug noch einmal bequem Revue passieren lassen. Die Preise sind sehr moderat, auf jeden Fall günstiger als in Deutschland. Es empfiehlt sich, Fahrkarten nicht im Zug zu lösen. In den bahnhofnahen Zeitungsläden sind sie erhältlich, z.B. in Dervio im Papiergeschäft an der Bahnschranke, in Varenna im Touristikbüro in Richtung See. Busverbindungen zwischen den Orten am Ostufer existieren auch. Sie sind allerdings seltener.

07 | Der **Sentiero della Regina** (Strada antica regina; Westseite)

Die Antica Strada Regina ist ein alter Weg zwischen Como und Chiavenna, den in früheren Zeiten Händler, Bauern und Gewerbetreibende als Nord-Süd-Verbindung genutzt haben.

Heute ist der Sentiero eine willkommene Wandergelegenheit auf antiken Saumpfaden am Westufer des Comer Sees. Er führt über Trampelpfade, teilweise auch Straßen, die allerdings wenig befahren sind. Der attraktive Weg ist eine erlebnisreiche Unternehmung für die ganze Familie.

Jede Etappe ist ca. drei bis vier Stunden (reine Gehzeit) lang. Man passiert dabei die wichtigsten Sehenswürdigkeiten des Westufers. Die Länge jedes der zehn Teilabschnitte ist so berechnet, dass er bequem an einem Tag zu absolvieren ist. Wanderern, die gut zu Fuß sind, steht es frei, mehrere Etappen zusammenzufassen. Am Ende eines Tages steht meist die Suche nach einem geeigneten Übernachtungsplatz. Oder Sie nutzen das öffentliche Nahverkehrssystem mit Bussen und Schiffen, das Sie wieder an Ihren Ausgangspunkt zurückbringt.

Die schönsten Etappen sind ... 01. Como nach Brienno ... 02. Argegno nach Ossuccio ... 03. Ossuccio nach Lenno ... 04. Lenno nach Menaggio ... 05. Menaggio nach Rezzonico ... 06. Rezzonico nach Dongo ... 07. Dongo nach Domaso

Impressum

Zwischenräume Verlag - Robert Hüther
Markbronner Weg 11
D-89077 Ulm

1. Auflage 2018; ISBN 978-3-943663-23-5

Texte und Recherche
Robert Hüther; Anja Krieger; Verena Uhlig

Fotos und Abbildungen
Robert Hüther; Anja Krieger; Verena Uhlig
Titel und innen: Franco Bissoni, fotalia.com;

Kartografie
www.alpenkarte.eu. Daten von OpenStreetMap - Veröffentlicht unter ODbL; Leaflet | Map tiles © Schneider Geo, Map data © OpenStreetMap contributor; Kartendaten können unter derselben Lizenz weiterverwendet werden.

Druck
Wir machen Druck; Backnang

Abgrenzung
Die in dieser Publikation angegebenen Links verstoßen weder gegen Sitten noch Gesetze, was genau einmal geprüft wurde, bevor sie hier aufgenommen wurden.

Keine Haftung
Die Inhalte dieser Publikation wurden sorgfältig geprüft und nach bestem Wissen erstellt. Aber für die hier dargebotenen Informationen wird kein Anspruch auf Vollständigkeit, Aktualität, Qualität und Richtigkeit erhoben. Es kann keine Verantwortung für Schäden übernommen werden, die durch das Vertrauen auf die Inhalte dieser Publikation oder deren Gebrauch entstehen.

Kontakt
www.zwischenraeume-verlag.de (www)
info@zwischenraeume-verlag.de (email)